# HISTOIRE
## DE LA
# RÉVOLUTION
## EN AUVERGNE

### PAR
### M. JEAN-BAPTISTE SERRES

---

### TOME VI
#### EXTERMINATION DU CLERGÉ

---

AURILLAC | PARIS
IMPRIMERIE MODERNE | VIC ET AMAT, LIB.-ÉDITEURS
6, Rue Guy-de-Veyre | 11, Rue Cassette

1896

# DU MÊME AUTEUR

Vie du Père Murat. . . . . . . . . . 1 fr.
Histoire de Notre-Dame des Miracles de Mauriac. . . . . . . . . . . 1 fr. 25
Vie de Mgr Lavialle, évêque de Louisville. . . . . . . . . . . . . 1 fr. 25
Mgr Chabrat évêque en Amérique. 0 fr. 75
Mgr Baldus, vicaire apostolique du Kiang-Si. . . . . . . . . . . . . 1 fr. 25
Mgr d'Auzers, évêque de Nevers. . 2 fr. 50
Histoire du monastère de Notre-Dame de Saint-Flour . . . . . . . 0 fr. 75
Histoire du monastère de Notre-Dame d'Aurillac. . . . . . . . . 0 fr. 75
Catinon menette. . . . . . . . . . . 1 fr. 50

*En vente chez M. KOSMANN, libraire à Mauriac (Cantal).*

# HISTOIRE DE LA RÉVOLUTION

EN AUVERGNE

# HISTOIRE

DE LA

# RÉVOLUTION

## EN AUVERGNE

PAR

M. Jean-Baptiste SERRES

---

### TOME VI

EXTERMINATION DU CLERGÉ

---

AURILLAC
Imprimerie Moderne
6, Rue Guy-de-Veyre

PARIS
Vic et Amat, lib.-éditeurs
11, Rue Cassette.

1896

# HISTOIRE DE LA RÉVOLUTION
## *EN AUVERGNE*

---

### CHAPITRE I<sup>er</sup>

EXTERMINATION DU CLERGÉ — PREMIÈRES ATTAQUES — COURAGE DE MONSEIGNEUR DE BONAL DANS LA DÉFENSE DE L'ÉGLISE — CONSTITUTION CIVILE DU CLERGÉ — MONSEIGNEUR DE BONAL ADOPTE ET ENVOIE A SES DIOCÉSAINS LE MANDEMENT DE MONSEIGNEUR L'ÉVÊQUE DE BOULOGNE, SUR L'AUTORITÉ DE L'ÉGLISE.

Une des grandes occupations des deux Assemblées Constituante et Législative, dans les années 1790, 1791, 1792, fut la destruction de la noblesse ; elles y réussirent. Durant ces mêmes années, elles travaillèrent avec la même ardeur à l'extermination du clergé ; elles y réussirent également. Ces deux exterminations marchaient de front, simultanément, avec un effroyable entrain. Nous avons fait l'histoire de la première ; racontons la seconde.

L'Assemblée nationale entra dans la voie de l'extermination du clergé par le vote du décret qui déclarait que les biens ecclésiastiques appartenaient à la Nation. Voilà le premier coup de hache qui fut porté à l'arbre séculaire.

Pour la défense de l'Eglise, ainsi attaquée, se levèrent de vaillants champions, d'éloquents orateurs, parmi lesquels nous trouvons Mgr de Bonal, évêque de Clermont.

On connaît la réponse que fit cet éloquent Prélat, dans une des premières séances des Etats Généraux, à ce député qui fièrement venait dire au clergé de se réunir au Tiers-Etat, *au nom du Dieu de paix*. — *Le Dieu de paix*, répondit l'évêque, *est aussi le Dieu de l'ordre et de la justice.*

Plus tard quand il fut question de voter la suppression du costume ecclésiastique, Mgr de Bonal s'y opposa : « On déchirera, dit-il, mon habit, sur mon corps, avant de me le faire abandonner. »

Dans la séance du 22 août 1789, lors de la discussion sur la nouvelle Constitution française, l'évêque de Clermont demanda que la religion fût la base de cette Constitution : « La religion, dit-il, est la base des empires ; c'est la raison éternelle qui veille à l'ordre des choses ; l'on élèverait plus tôt une ville dans les airs, comme dit Plutarque, que de fonder une république qui n'aurait pas pour principe le culte de Dieu ! Je demande donc que les principes de la Constitution française reposent sur la religion, comme sur une base éternelle ! » (1)

Dans une autre séance, il demande que le droit de propriété soit respecté : « La vraie religion, s'écrie-t-il, est notre vrai trésor ; les biens de l'Église ne sont utiles sans doute que pour son éclat, sa propagation et sa prospérité, mais je ne puis admettre qu'ils appartiennent à la Nation. Ou il n'existe aucune propriété, ou la nôtre est inattaquable. Je regarde comme indispensable, ajoute-t-il, de porter les portions congrues aux taux les plus élevés. » (2) Ces dernières paroles nous prouvent que l'évêque de Clermont voulait des réformes dans l'usage et la distribution des biens ecclésiastiques, mais il ne voulait pas qu'on touchât à la propriété elle-même.

Tout fut inutile ; les biens du clergé furent mis à la disposition de la Nation, confisqués, mis en vente en même temps que ceux des nobles émigrés. Au mois d'août 1791, redisons-le ici, le

---

(1) *Moniteur*, t. I., p. 372.
(2) *Moniteur*, t. II., p. 83.

prix de ces biens s'élevait à cinq millions deux cent treize mille francs.

Après la confiscation des biens du clergé, vint la destruction des Ordres monastiques.

Ici encore l'évêque de Clermont fit entendre ses éloquentes protestations :

« Je suis chargé par mon cahier, dit-il, de demander non-seulement que les Ordres monastiques ne soient pas supprimés, mais encore qu'ils reprennent leur ancienne splendeur. Je dois à une mission aussi formelle de combattre l'avis du Comité ; sans elle je le devrais à ma conscience. Que l'autorité publique désire condescendre à la faiblesse de quelques religieux qui gémissent des privations du cloître, je le conçois; mais je ne puis reconnaître qu'elle a le droit de briser les barrières qu'elle n'a pas placées, de donner la permission de manquer à un engagement sacré, permission qu'il n'appartient qu'à la puissance spirituelle d'accorder. Le décret proposé serait pour les religieux un moyen de tentation et d'apostasie, et nous serions responsables envers le Ciel. Vous enlevez à la religion un abri, aux citoyens une ressource, à l'Évangile des apôtres; vous renoncez à la glorieuse prérogative d'être les garants des engagements formés avec le Ciel. Il ne faut pas arracher un arbre qui a porté de bons fruits et qui peut en porter encore. Un décret qui semblerait proscrire les réunions d'hommes pour prier serait une atteinte à notre religion. L'État monastique est le plus propre à soutenir l'empire parce que les prières influent sur la prospérité des choses humaines et que leur efficacité est un article de notre foi et une partie de notre symbole. » (1)

C'était un parti pris, les ordres religieux étaient condamnés d'avance ; ils furent exécutés.

Après le clergé régulier, vint le clergé séculier. L'un et l'autre devaient périr sous les coups des Jansénistes, des philosophes et des francs-maçons, qui, pour cette horrible besogne, ourdirent un tissu de lois scélérates, connu sous le nom de *Constitution civile du Clergé*.

La discussion sur cette Constitution commença à la fin du mois de mai 1790 et se prolongea jusqu'au mois de juillet de la même année.

Par ces lois iniques, le gouvernement révolutionnaire organise à neuf le clergé français ; il supprime certains diocèses, en crée de nouveaux,

---

(1) *Moniteur*, t. III, p. 347. En feuilletant les trente gros volumes du *Moniteur*, on remarque que généralement les discours des révolutionnaires sont reproduits presque en entier, tandis que ceux des défenseurs de la royauté ou de l'Eglise, sont tronqués. On ne reproduit que des extraits.

les réduit à 83, un diocèse par département, lesquels sont partagés en dix métropoles. Il restreint ainsi ou étend la juridiction des évêques, ce qui ne peut être fait que par le Pape.

La cathédrale n'a d'autre curé que l'évêque auquel on donne un nombre de vicaires proportionné à la population ; le conseil épiscopal est composé des vicaires et des directeurs du séminaire et sans leur consentement l'évêque ne peut faire aucun acte de juridiction, de sorte qu'en réalité il n'a aucun pouvoir et c'est le conseil qui décide en dernier ressort.

L'élection est le seul mode de provision aux charges ecclésiastiques ; l'évêque est nommé par les électeurs du département et les curés, par les électeurs du district. Une fois élu, l'évêque se présente au métropolitain qui lui donne la confirmation canonique et défense lui est faite de la demander au Pape, auquel toutefois il peut écrire une lettre en témoignage de l'unité de foi.

De par cette Constitution aucun Français ne peut reconnaître un évêque qui a son siège hors de France. D'après cela, il est évident que le Souverain Pontife n'a plus aucune juridiction sur le clergé français, que sa suprématie est méconnue. C'est donc le schisme et l'hérésie, car il est de foi que le Pape est non-seulement le centre de l'unité catholique mais le pasteur suprême, ayant toute juridiction sur les pasteurs et les brebis. L'Eglise de France devenait un simple rouage de l'administration civile.

En vain les évêques et le clergé protestèrent-ils contre cette organisation schismatique ; en vain, dans d'éloquents discours et de nombreux écrits, opposèrent-ils les plus fortes raisons ; en vain offrirent-ils d'assembler un concile qui légitimerait tout ce qui pourrait être légitimé.

« Je crois, s'écriait l'évêque de Clermont dans la séance du premier juin, je crois devoir à mon ministère et à mon caractère d'adhérer à la demande d'un concile national pour prononcer sur tout ce qui concerne la discipline ecclésiastique, sauf l'accession et la protection de la puissance civile. Autant j'ai de respect pour les décrets rendus par cette Assemblée sur tout ce qui est temporel, autant je me dois de déclarer que je ne puis reconnaître la compétence de l'Assemblée pour ce qui concerne le spirituel. »(1)

L'Assemblée nationale fut sourde aux justes réclamations des catholiques français ; la funeste Constitution civile du clergé fut votée, le 12 juillet 1790, et sanctionnée par le roi, le 24 août de la même année.

(1) *Moniteur*, t. IV, p. 514.

Après ce vote définitif, l'évêque de Clermont parut rarement à l'Assemblée; mais il ne se désista pas de la lutte contre l'impiété triomphante ; il saisissait toutes les occasions pour instruire ses diocésains et les prémunir contre les erreurs contenues dans la Constitution civile du clergé.

Le 24 octobre 1790, l'évêque de Boulogne ayant fait paraître un mandement sur *l'autorité de l'Eglise*, Mgr de Bonal s'empressa de l'adopter et de l'envoyer à ses diocésains.

Dans ce mandement, après avoir établi clairement la distinction qui existe entre la puissance civile et la puissance spirituelle, après avoir prouvé que cette dernière est la plus grande autorité qui soit sur la terre, Monseigneur de Boulogne ajoute que ces deux puissances ne doivent pas empiéter l'une sur le terrain de l'autre, mais que par la Constitution civile du clergé, le pouvoir civil empiète sur le pouvoir spirituel, puisqu'il s'arroge le droit de gouverner à sa façon l'Eglise de France, d'empêcher le Pape d'exercer sa juridiction suprême sur cette partie de l'Eglise universelle.

Voici la lettre pastorale par laquelle Mgr de Bonal fait siennes ces éloquentes pages et les fait repandre dans tout le diocèse de Clermont.

# MANDEMENT
### DE
## M. l'Evêque de Clermont

*portant adoption de l'Instruction Pastorale de M. l'évêque de Boulogne, sur l'autorité spirituelle de l'Eglise.*

François de Bonal, par la grâce de Dieu et du Saint-Siège Apostolique, évêque de Clermont, conseiller du roi en tous ses conseils, etc.

Au clergé séculier et régulier, et à tous les fidèles de notre diocèse, salut et bénédiction en Notre-Seigneur Jésus-Christ.

Depuis longtemps, Nos très chers Frères, nous avons formé le projet de vous instruire des vrais principes sur l'autorité spirituelle de l'Eglise, et de vous exposer, sur ce point intéressant de la doctrine catholique, ce que les livres saints et la tradition nous enseignent. Des considérations de sagesse ont suspendu ce que notre zèle nous inspirait, et en même temps que nous nous sentions pressés par les sentiments de la plus tendre sollicitude de vous faire entendre notre voix, pour fixer votre croyance sur un objet aussi essentiel, nous étions arrêtés par la crainte de voir une démarche, dictée par les vues les plus pures et par le devoir sacré de paître les brebis, que le père de famille nous a confiées, calomnieusement travestie en signal de trouble et de faction.

Ce n'était pas de votre part, Nos très chers Frères, que nous redoutions des inculpations aussi odieuses. Nous nous sommes toujours flattés que, connu de vous comme ami de la paix et de l'ordre, comme dévoué à vos intérêts de tous les genres, et inviolablement attaché à tout ce qu'exige le respect pour l'autorité civile, vous ne verriez dans notre conduite que celle d'un père tendre et d'un pasteur occupé de votre salut. C'est à ces titres, les plus chers à un évêque et auxquels nous espérons que votre justice nous reconnaîtra, que nous vous adressons aujourd'hui un corps de doctrine qui n'est ni la nôtre, ni celle du savant et pieux prélat qui l'a si bien développée, mais celle de l'Eglise et par conséquent celle de Jésus-Christ.

Dès le moment où la conscience nous a dit que la prudence, qui jusqu'ici avait pu être selon Dieu, dégénèrerait désormais et deviendrait prudence humaine, nous avons dû oublier toutes considérations étrangères à celles de vos besoins spirituels, et n'écouter que le devoir sévère que notre caractère de Pasteur et de Pontife nous impose.

La Providence nous a fait parvenir l'ouvrage de M. l'évêque de Boulogne ; nous y avons admiré, avec la vérité, l'exactitude et la précision qui le rendent si digne des grands objets qu'il traite, la sagesse et la modération qui caractérisent l'esprit de l'Evangile.

Nous vous le transmettons, Nos très chers Frères, cet ouvrage précieux, déjà adopté par plusieurs de nos respectables confrères, convaincu que jamais nous n'aurions pu atteindre au degré de perfection, qui nous paraît devoir vous le rendre si utile, et nous avons la douce confiance qu'il détruira les funestes impressions que plusieurs d'entre vous auraient pu malheureusement puiser dans des ouvrages d'erreur et de séduction.

Vous y trouverez ce qui doit justifier, à vos yeux, l'exception formelle que nous avons cru devoir faire de tous les objets qui dépendent essentiellement de la puissance spirituelle, dans le serment civique, exigé de nous, le 14 juillet dernier, exception que nulle condescendance, nulle déférence, nulle crainte ne pourront nous empêcher de renouveller, si nous sommes requis de répéter ce serment, parce que les lois les plus sacrées nous le commandent, en même temps que nous professerons, sans hésiter, et avec transport la plus parfaite fidélité à la Nation, à la loi et au Roi.

Vous y trouverez ce qui doit vous convaincre qu'il ne nous est pas permis, jusqu'à ce que l'Eglise ait jugé à propos de restreindre notre juridiction, et d'en détacher les pasteurs et les fidèles qu'elle y avait soumis, de ne pas nous regarder jusque-là comme leur évêque et le seul qui puisse exercer sur eux une autorité légitime dans l'ordre spirituel.

C'est en conséquence de ces principes que nous sommes décidé à lutter contre tous les obstacles, pour remplir autant qu'il sera en nous, à l'égard de tous ceux que la Providence divine a confiés à notre vigilance, ce que le zèle de leur salut exige de notre sollicitude.

Puissions-nous leur prouver par là et notre affection inviolable pour eux, et notre attachement invincible aux vérités saintes qui consacrent notre mission.

A ces causes, nous avons déclaré et déclarons, que nous adoptons l'Instruction Pastorale de M. l'évêque de Boulogne, donnée à Boulogne, le 24 octobre, imprimée à la suite de notre présent

Mandement, et nous invitons tous les fidèles de notre diocèse à la regarder comme contenant les vrais principes qui doivent les diriger dans les circonstances actuelles, et fixer leurs idées sur la hiérarchie sacrée de l'Eglise, la juridiction respective des pasteurs et la discipline ecclésiastique, ainsi que sur le respect et la soumission que la religion catholique prescrit à l'égard de l'autorité civile.

Donné à Paris, où nous sommes retenu comme Membre de l'Assemblée nationale, le vingt-trois novembre mil sept cent quatre-vingt-dix.

† FRANÇOIS,
Evêque de Clermont.

# CHAPITRE II

LE SERMENT — MONSEIGNEUR DE BONAL LE REFUSE — LE SERMENT ET LES DÉPUTÉS ECCLÉSIASTIQUES DU PUY-DE-DÔME : BOURDON, GERLE, BONNEFOY, BRIGNON ET MATHIAS.

Après le vote de la Constitution civile du clergé, le 12 juillet, l'Assemblée nationale établit un Comité qui avait pour mission d'aviser aux moyens de faire exécuter cette Constitution. Le 14 du même mois de juillet, ce Comité proposa un projet de décret qui portait que les évêques et les prêtres, exerçant quelque fonction, seraient tenus de faire serment d'accepter et de maintenir la Constitution civile du clergé ; le 27 novembre, 1790, ce projet fut réalisé et le décret définitivement adopté.

Voici la formule du serment :

« Je jure de veiller avec soin sur les fidèles dont la direction m'est confiée ; je jure d'être fidèle à la nation, à la loi, au roi ; je jure de maintenir de tout mon pouvoir la Constitution française et notamment les décrets relatifs à la Constitution civile du clergé. »

Cette formule contient deux serments enchevêtrés l'un dans l'autre : le serment civique qui exprime la fidélité et l'obéissance que l'on doit à la nation, à la loi, au roi, et le serment constitutionnel qui impose la soumission même aux points de juridiction spirituelle contenus dans la Constitution civile du clergé.

Par une perfidie diabolique, l'Assemblée nationale avait intercalé ces deux serments dans une même formule afin que le prêtre, qui refuserait le serment relatif aux choses spirituelles, passât, aux yeux de la foule, pour avoir refusé même le serment relatif aux lois civiles et fût ainsi rendu odieux et signalé à la haine publique.

Mgr de Bonal protesta contre cette formule :

« Ici, Messieurs, s'écria-t-il un jour, en me rappelant tout ce que je dois rendre à César, je ne puis me dissimuler tout ce que je dois rendre à Dieu ! oui, dans tout ce qui concerne les objets civils, politiques et temporels, je me crois fondé à jurer de maintenir la Constitution. Mais une loi suprême à toutes les lois humaines me dit de professer hautement que je ne puis comprendre dans le serment civique les objets qui dépendent essentiellement de la puissance spirituelle ; que toute feinte à cet égard serait un crime, que toute apparence qui pourrait le faire présumer, serait un scandale de ma part. »

La formule fut maintenue, et l'Assemblée somma les députés ecclésiastiques de monter à la tribune et de prêter serment. Plusieurs obéirent, le plus grand nombre refusa.

L'évêque de Clermont monta, lui aussi, à la tribune, le 2 janvier 1791 ; ce n'était pas pour prêter serment mais pour exposer les motifs de son refus.

« Nous n'avons cessé, dit-il, de rendre hommage à la puissance civile; nous reconnaîtrons toujours que nous avons reçu d'elle de grands avantages politiques, mais dans l'ordre spirituel, ce n'est pas d'elle que nous avons reçu nos pouvoirs. Nous sommes obligés comme ministres de la religion, de défendre et d'enseigner notre doctrine ; nous avons toujours reconnu que nos fonctions sont tellement limitées au territoire pour lequel nous avons reçu notre mission.... *(murmures)*.

TREILLARD *interrompant* : Je demande que M. l'évêque de Clermont soit tenu de déclarer s'il entend prêter le serment pur et simple.

DUBOIS-DROUVRAI : Je demande aussi que l'on entende le serment de M. l'évêque de Clermont, si ce serment est pur et simple, car c'est ainsi que l'Assemblée l'a décrété.

A droite : C'est faux !

L'évêque de clermont : Je n'ai pas la prétention de forcer l'Assemblée à m'entendre ; mais je crois pouvoir rappeler ses propres principes. Elle n'a jamais défendu à ses membres de manifester leurs opinions surtout quand elles intéressent la religion *(murmures)*. Vous avez reconnu solennellement que vous n'avez point d'empire sur les consciences *(interruption).*

Lebois-Daiguier : Si chaque serment nous fait perdre une séance, c'est un moyen que nous aurons donné pour retarder nos travaux.

Foucault : Voulez-vous entendre M. l'évêque de Clermont !

A gauche : Non, non !

Foucault : Non ?.... eh bien ! il n'existe plus d'Assemblée ; ce n'est qu'une faction ! *(murmures).*

L'évêque de clermont : Je demande si l'Assemblée entendra mes motifs.

A gauche : Non, non !

Le Président à l'évêque : En conséquence, je vous interpelle, Monsieur, de déclarer si vous voulez prêter un serment pur et simple.

L'évêque : Je dois parler catégoriquement,

comme il convient à mon caractère : je déclare donc que je ne crois pas pouvoir en conscience... *(murmures, interruption)* (1).

Ne pouvant parler, Mgr de Bonal dépose sur le bureau la formule écrite du serment restrictif qu'il voulait faire et il se retire.

Voici la formule de ce serment :

« Je jure de veiller avec soin sur les fidèles dont la conduite m'a été ou me sera *confiée par l'Eglise* ; d'être fidèle à la nation, à la loi, au roi et de maintenir de tout mon pouvoir en ce qui est de l'ordre politique la Constitution décrété par l'Assemblée nationale et acceptée par le Roi, exceptant formellement les objets qui dépendent essentiellement de l'autorité spirituelle. »

Excluant tout ce qui touche à la religion, ce serment est très légitime. Un grand nombre de prêtres, à l'Assemblée nationale et en Auvergne, voulurent se servir de cette formule, mais généralement elle ne fut pas acceptée par l'autorité civile.

Le soir même de l'orageuse séance, Mgr de Bonal fit imprimer et répandre sa formule du serment.

Le lendemain, 3 janvier, Bourdon, dénonce cet imprimé à l'Assemblée nationale

(1) *Moniteur*, t. VII, p. 20.

et, au milieu du tumulte, Charles Lameth demande que tout ecclésiastique qui ne prêtera pas le serment purement et simplement sans restriction sera destitué de ses fonctions et sa place déclarée vacante.

A ces mots, l'évêque se lève : « Autant, dit-il, je respecte l'Assemblée nationale, aussi peu je crains les sarcasmes... Si l'on discutait la question de savoir s'il peut exister une loi coercitive pour les serments, si l'on peut me punir pour obéir à ma conscience, j'imagine que la justice de l'Assemblée s'éclaircirait promptement. On se reprochera toujours d'avoir infligé une peine à un homme qui a refusé de prêter son serment. C'est dire à un homme : Quoi que vous dise votre conscience, prêtez votre serment. Je ne veux pas lasser la patience de l'Assemblée et j'ajoute seulement que n'ayant pas donné la démission de ma place, que ne voulant pas la donner, je ne me regarderai jamais comme dépossédé. (1)

L'évêque de Clermont rendit compte de sa conduite à ses diocésains et leur envoya, dans ce but, le 9 janvier, la formule du serment, le discours dans lequel il exposait les motifs de son refus et la lettre d'envoi que voici :

(1) *Moniteur*, t. VII, p. 29 et 30.

« Messieurs. Par l'article 1" du décret du 27 novembre dernier, l'Assemblée nationale a prescrit à tous les évêques, fonctionnaires publics, de prêter le serment auxquels ils sont assujettis par l'article 39 du décret du 24 juillet et réglé par les articles 21 et 28 de celui du même mois.

Par l'article 4, les évêques membres de l'Assemblée, exerçant actuellement leurs fonctions de députés, ont été assujettis à prêter serment dans la huitaine du jour auquel la sanction aurait été annoncée, et à envoyer dans la huitaine suivante un extrait de la prestation de leur serment à la municipalité.

Ma conscience, Messieurs, ne m'ayant pas permis de remplir le vœu de l'Assemblée et de faire ce serment sans restriction, j'ai cru devoir lui proposer une autre formule dans laquelle se trouve compris tout ce qui peut caractériser le civisme. Je me fais un devoir de vous l'adresser à la suite du discours où vous verrez les motifs de ma conduite, qui a été celle des évêques et de quatre-vingt douze curés ; j'ai l'honneur de renouveler entre vos mains l'offre que j'ai faite aux représentants de la Nation.

Vous devez regarder, j'ose le dire, Messieurs, la fidélité que je montre et dois montrer dans cette circonstance aux principes de la sainte religion, dont je suis le ministre, comme le plus sûr garant de celle que les mêmes principes me dictent et me dicteront toujours à l'égard de la puissance civile dans tout ce qui est de son ressort. Pour ce qui est de mon amour pour le peuple, j'ai lieu de me flatter que jamais il n'a pu paraître douteux et que vous me rendrez justice sur ce point.

François<br>
*Evêque de Clermont.*

L'inébranlable fermeté de Mgr de Bonal eut de nombreuses imitations dans l'Assemblée nationale, malheureusement tous ses collègues ecclésiastiques ne le suivirent pas dans la glorieuse carrière de l'héroïsme sacerdotal et de la fidélité à l'Eglise. Ces députés ecclésiastiques étaient : Bourdon, Gerle, Bonnefoy, Brignon et Mathias.

Les quatre premiers prêtèrent serment le 27 décembre 1790. (1) Ils n'avaient pas eu la sainte énergie de résister aux injonctions de l'Assemblée, aux suggestions de leurs intérêts matériels, peut-être furent-ils trompés par les fallacieuses promesses d'un avenir meilleur pour la société. Leur libéralisme les jeta dans le radicalisme, le

(1) *Moniteur.* t. VI, p. 738.

radicalisme les jeta dans la dépravation et l'aberration. Ils trainèrent donc une vie méprisée, solitaire et triste, au milieu des populations qui se souvenaient de leur méfait et de leur chute honteuse.

Bourdon apostasia, se laïcisa et fut sous l'empire nommé par Napoléon sous-préfet de Boussac, dans la Creuse. C'est là que mourut cet apostat, en 1815.

Gerle perdit la tête, pataugea dans les bas-fonds de la crapule parisienne et mourut de misère à Paris en 1805.

Bonnefoy, après la dissolution de l'Assemblée constituante, revint en Auvergne, refusa toute fonction publique, se retira chez son frère, à Saint-Victor, près Chamalières, où il mourut en 1797.

Brignon fut assassiné à Dore-l'Eglise en 1795.

Mathias, conséquent avec ses principes, ferme dans sa foi, offrit à l'Assemblée nationale de prêter le serment selon la formule de son évêque Mgr de Bonal ; on voulut un serment pur et simple ; il le refusa.

Il fit imprimer en même temps une brochure intitulée : *Lettre d'un curé à ses paroissiens*.

Dans cette lettre il explique le refus qu'il fit de prêter serment purement et simplement ; il éclaire ses paroissiens d'Eglise-Neuve, sur la véritable signification de la Constitution civile du clergé : « Accepter cette Constitution, dit-il, c'est un aveu que la puissance temporelle a le droit de faire des règlements pour le gouvernement de l'Eglise, ce qui est une erreur condamnée par tous les conciles... Par cette Constitution, c'est l'Assemblée nationale, composée d'avocats, de médecins, de militaires, de protestants, de déistes, qui règle la manière dont Dieu sera loué... On vous a dit que l'intention de l'Assemblée n'était pas de toucher au spirituel. Qu'est-ce que ce langage signifie ? Entend-on par là que l'on n'a voulu que faire une nouvelle discipline et ne pas toucher à la doctrine ? mais la discipline de l'Eglise n'est-elle pas son essence ?... On n'a pas prétendu toucher au spirituel. Mais l'autorité du Pape sur toute l'Eglise catholique, la juridiction spirituelle qu'il tient de Dieu même sur tous les fidèles, n'est-ce pas un dogme de notre foi ? Et en réduisant la reconnaissance de cette autorité à une simple politesse, n'est-ce pas toucher au spirituel ? n'est-ce pas saper l'édifice par les fondements ?

On n'a pas prétendu toucher au spirituel ; mais si c'est de bonne foi qu'on vous l'a dit, pourquoi n'a-t-on pas voulu recevoir le serment de ceux qui, pour tranquilliser leur conscience, ont offert de le prêter, en exceptant le spirituel, ce qui pouvait intéresser la religion ?... »

« Je suis obligé, mes chers paroissiens, de vous avertir que les nouveaux évêques, les nouveaux curés, que l'on prétend vous donner, ne sont pas vos vrais pasteurs. Ce sont ces mercenaires dont il est parlé dans l'Evangile ; ce sont des loups ravissants, couverts de la peau de brebis. Ils ne sont pas envoyés par l'Eglise ; elle les désavoue. On ne leur confie pas la garde du troupeau, ils s'en emparent pour sa perte et pour la leur. Ils n'ont aucun pouvoir, aucune autorité dans l'ordre spirituel, parce qu'ils ne sont que d'institution humaine, nommés par ceux qui n'en ont pas le droit ; ce sont des anges de ténèbres transformés en anges de lumière. Loin d'être les enfants de l'Eglise, comme ils prétendent vous le faire croire, ils en sont les ennemis. Malheur donc à ceux d'entre vous qui auront confiance en de pareils guides... »

L'Assemblée Constituante ayant pris fin en septembre 1791, l'abbé Mathias rentra dans sa paroisse et reprit son ministère, malgré la loi, qui défendait à tout curé insermenté les fonctions ecclésiastiques. Comme il n'y avait point encore de curé intrus, l'autorité le toléra.

« Profitant de cet instant de répit, l'abbé Mathias ne se borna pas à l'administration spirituelle de sa paroisse, il fit de la propagande. Son intelligence, son instruction, sa qualité d'ancien député, témoin de toutes les grandes scènes de la Constituante, lui donnaient un relief, un prestige incontestable et lui conféraient tout naturellement une certaine autorité sur ses confrères. Il en fit usage. Par son influence, il empêcha bien des faiblesses dans le clergé de son voisinage ; il réconforta ceux qui hésitaient, raffermit les chancelants, donna du cœur aux peureux et fit rentrer dans les rangs plusieurs de ceux qui avaient déjà déserté. Il réussit à tel point, que dans le district de Besse, pour dix-sept assermentés on compte plus de quarante prêtres qui refusèrent le serment. Et encore, parmi les assermentés plusieurs rétractèrent-ils le serment qu'ils avaient tout d'abord prêté conformément à la loi. La tolérance dont avai joui l'abbé Mathias eut bientôt un terme. Dès le mois de mars 1792, il dut prendre de grandes précautions pour sa sûreté. Le 15 avril 1792, un curé constitutionel fut installé à Église-Neuve. C'était un sieur Parel, religieux bernardin de l'abbaye de Feniers, près Condat. M. Mathias, que ses paroissiens chérissaient, n'en resta pas moins dans le pays, logeant tantôt chez l'un, tantôt chez l'autre, célébrant la messe en cachette, dans les greniers, dans des granges et remplissant toujours toutes les fonctions sacerdotales. Mais il fut dénoncé ; à la fin de juillet 1792, les administrateurs du District de Besse reçurent la lettre suivante :

« Messieurs,

« Nous sommes instruits que le sieur Mathias, ex-curé d'Eglise-Neuve, au mépris de notre arrêté du 19 mars dernier, se rend souvent et fait de longs séjours dans cette paroisse. Nous vous prions, Messieurs, de vouloir bien le surveiller, de manière que, s'il est actuellement dans Eglise-Neuve ou qu'il vienne à s'y rendre, vous requériez la gendarmerie nationale de le conduire au chef-lieu de ce département, s'il n'est pas porteur d'une soumission de notre part. »

Clermont, le 12 juillet 1892.

*Les administrateurs du Puy-de-Dôme,*
CHANDEZON, PARAY, etc.

M. Mathias dut quitter le District de Besse, vers le mois d'août ; il se réfugia dans sa famille à Issoire. Mais en présence des mesures rigoureuses que l'on accumulait contre les prêtres réfractaires, il eut peur de compromettre ses parents. S'étant donc procuré un passeport, il quitta Issoire, le 7 septembre 1792, accompagné de son beau-frère et se dirigea vers la Savoie par Ambert, Lyon, Belley et Pierre-Chatel. Après bien des incidents, après avoir essuyé bien des huées, bien des injures, après avoir été arrêté, menacé de mort, il put, grâce à sa prudence et à sa fermeté, arriver sain et sauf à Chambéry. »

L'abbé Mathias alla à Rome où il resta deux ans et demi ; il rentra en France en 1795, apportant les pouvoirs les plus étendus pour l'administration spirituelle des fidèles en Auvergne.

« Il se montra digne de la confiance du Souverain Pontife, et, par son zèle, par ses soins, par ses démarches quelquefois dangereuses, il obtint des résultats inespérés. On peut affirmer qu'il fut un des principaux artisans de la reconstitution du culte catholique, dans le département du Puy-de-Dôme... Les pouvoirs de l'abbé Mathias prirent fin à la nomination de Mgr de Dampierre comme évêque de Clermont, en mai 1802. Dès lors il se donna tout entier à sa chère paroisse d'Eglise-Neuve. On lui offrit des postes plus élevés, il les refusa tout d'abord, mais l'intérêt de sa santé l'obligea bientôt à quitter la campagne. La cure de Pont-du-Château lui ayant été offerte en 1809, il l'accepta.

Là, comme à Eglise-Neuve il gagna en peu de temps l'estime et l'affection de ses paroissiens. Sa charité, sa cordialité, son caractère enjoué et conciliant, son instruction, ses connaissances variées, son expérience eurent bientôt fait de lui le personnage le plus important de la petite ville de Pont-du-Château. On avait recours à son jugement sur beaucoup de questions ; on le consultait, on s'adressait à lui dans les circonstances difficiles, comme au seul homme capable de les résoudre ou de les surmonter.

Lorsque les désastreuses guerres de l'Empire eurent amené, comme résultat final, l'invasion de notre territoire ; lorsque le drapeau autrichien parut sur les bords de l'Allier, dans la plaine de Chignat, les habitants de Pont-du-Château eurent peur de voir mettre leurs maisons au pillage. Ne se sentant pas le courage de résister et de faire sauter leur magnifique pont sur l'Allier, ils vinrent supplier leur curé d'aller en parlementaire auprès des chefs de l'armée d'invasion pour tacher d'obtenir qu'on ne traitât pas la ville en place conquise. Après avoir calmé les plus exaltés et leur avoir démontré l'inutilité de la résistance, l'abbé Mathias se rendit au campement autrichien et remplit sa mission à la satisfaction de tous. Quelques jours après, les soldats du général Hardeck traversèrent Pont-du-Château, sans que personne eût à souffrir de leur présence.

Cet acte de dévouement reçut bientôt sa récompense. Au bout de quelques mois, l'abbé Mathias, fut nommé membre du conseil municipal. Installé en cette qualité, le 3 juillet 1814, il conserva ses fonctions pendant quatorze ans et ne cessa qu'en mourant de se rendre utile à ses concitoyens. Il mourut à Pont-du-Château le 4 mai 1828 entouré des regrets de tous. » (1)

(1) Notice sur l'abbé Mathias par Francisque Mège.

# CHAPITRE III

LE SCHISME — ÉLECTION DE L'ÉVÊQUE CONSTITUTIONNEL DU PUY-DE-DÔME. — EFFORTS DE MGR DE BONAL POUR PRÉMUNIR SES DIOCÉSAINS CONTRE LE SCHISME. — LETTRES PASTORALES DE L'ÉVÊQUE INSTRUS, PÉRIER. — QUELQUES ADVERSAIRES DU SCHISME.

Mgr de Bonal avait refusé le serment; or, d'après la Constitution civile du clergé, tout évêque, qui ne prêtait pas serment, était déclaré démissionnaire et remplacé par un prêtre assermenté, issu du suffrage des électeurs du Déparment.

Dans le Puy-de-Dôme les électeurs furent donc convoqués, à Clermont, à l'effet d'élire un évêque de la religion dite constitutionnelle.

A cette nouvelle, Mgr de Bonal adresse, le 1ᵉʳ février 1791, à ses diocésains une lettre pastorale dans laquelle il leur prouve qu'ils ne peuvent, en conscience, prendre part à l'élection sacrilège et anticanonique d'un évêque constitutionnel.

Cette lettre, que nous regrettons de n'avoir pas retrouvée, fut dénoncée à l'Assemblée nationale, dans la séance du 19 février, par le triste personnage Gauthier-Biauzat, en ces termes :

« M. Bonal, membre de cette Assemblée, ci-devant évêque de Clermont, avait fait répandre dans tout le département du Puy-de-Dôme, notamment dans les auberges de la ville de Clermont, l'assemblée des électeurs devant se faire dans cette ville, une lettre imprimée, qui ne tendait à autre chose qu'à empêcher l'élection d'un nouvel évêque ; mais heureusement elle n'a pas eu d'effet ; le patriotisme de tout le département ne s'est pas démenti. Les électeurs indignés du procédé du ci-devant évêque, ayant reçu, dans une de leurs séances, un paquet venant de lui, ont délibéré d'abord de ne pas le décacheter et ensuite procédé à l'élection d'un autre évêque qui est M. Périer, prêtre de l'Oratoire, qui a été professeur de théologie pendant vingt ans, qui était actuellement supérieur de la maison d'Effiat, homme digne par ses vertus de remplacer celui qui avait voulu causer des malheurs à son diocèse. »

La gauche de la Chambre applaudit, la droite proteste indignée. M. Foucault s'écrie : « M.

l'évêque de Clermont est trop au-dessus de la calomnie de M. Biauzat ! »

Le tumulte est à son comble. (1)

L'élection de l'évêque intrus avait eu lieu en effet à Clermont, le 14 février 1791. Le choix était tombé sur François Périer, supérieur des oratoriens du collège d'Effiat, canton d'Aigueperse (Puy-de-Dôme).

Né à Vizille, près Grenoble, d'une famille plus tard devenue célèbre sous le nom de Casimir Périer, le nouvel élu, homme intelligent d'ailleurs, mais ambitieux, avait prêté serment et avait entraîné dans le schisme vingt-sept de ses confrères de l'Oratoire dont 17 du collège d'Effciat et 10 du collège de Riom.

Après l'élection, Mgr de Bonal, toujours sur la brèche, fit imprimer une nouvelle lettre pastorale qui défendait à l'intrus de prendre possession de son siège sous les peines prononcées par les canons contre les schismatiques, aux prêtres de le reconnaître comme évêque et aux fidèles d'assister aux offices que cet intrus et ses adhérents célèbreraient et de recevoir les sacrements des mains de ces loups entrés dans la bergerie.

(1) *Moniteur* t. VII, p. 422.

De son côté, M. Périer proteste de la validité de son élection, de sa soumission à l'Eglise. Le 28 mars 1791, il adresse de Paris, le lendemain de son sacre, une lettre pastorale à ses prétendus diocésains, laquelle commence ainsi :

« J'étais étranger parmi vous, mes très chers frères, et lorsque je me suis vu appelé par vos suffrages au gouvernement de l'Eglise du département du Puy-de-Dôme, quelle a été ma surprise et ma douleur ! Persuadé de ma faiblesse, que n'ai-je pas fait pour éviter un fardeau si redoutable et si peu proportionné à mes forces ? Convaincu de mon incapacité, je puis comme autrefois saint Ambroise, vous prendre à témoins de ma résistance. J'ai exposé les motifs les plus forts, les plus puissants, les plus vrais pour autoriser et excuser mon refus ; vous ne m'avez point écouté... »

Après ce préambule incroyable, M. Périer, dans un style d'ailleurs correct et élégant, prêche la charité à ses fidèles, l'union de tous, la paix même avec les prêtres qui ont refusé le serment ; il parle ensuite de l'autorité du pouvoir civil sur la police, la discipline et les régimes extérieurs de l'Eglise. C'est un plaidoyer en faveur de la Constitution civile du clergé.

Dans une seconde lettre, l'évêque intrus

traite du pouvoir d'ordre et du pouvoir de juridiction. Nous n'avons pas ce document.

Dans une troisième lettre, en date du 2 mai 1791, destinée aux prêtres, il parle de son dévouement à leurs intérêts : « connaissant, dit-il, toute la délicatesse de votre conscience, persuadé de la pureté de vos intentions et de la droiture de votre cœur, je prierai, avec les plus vives instances les électeurs, les membres du Département et des Districts, de différer les nominations et d'accorder aux pasteurs et aux autres ecclésiastiques fonctionnaires publics, tout le temps nécessaire pour réfléchir sur une démarche aussi importante que celle de la prestation du serment... »

Il parle ensuite de paix, de conciliation, appelant à lui tous les prêtres, même ceux qui refusent de prêter serment, les priant de le regarder comme leur pasteur légitime.

Soutenu par la loi, par toutes les administrations, Périer prit possession de son diocèse, le 7 mai 1791, et y établit le schisme malgré toutes les lois canoniques et la répulsion générale des fidèles et du clergé.

Il trouva dans les prêtres de Clermont de vaillants adversaires tels que Micolon de Guérines, Charles de Sartiges, François de Fargues,

Micolon de Blanval, Pons de la Grange, tous grands vicaires, de Solignat, professeur de théologie, Antoine Delarbre, curé de la cathédrale, etc.

Restés fidèles à leur évêque et à leur Dieu, ces confesseurs de la foi se montrèrent fermes dans la défense de la bonne cause; ils correspondaient avec le clergé, éclairaient les consciences troublées, prévenaient les défaillances des uns, ranimaient le courage des autres, rappelaient au devoir ceux qui s'égaraient et enseignaient à tous leurs devoirs en face du schisme. Les grands vicaires continuaient à gouverner, en dehors de la loi schismatique, le diocèse dont malheureusement l'unité religieuse était brisée.

Leur zèle, leur puissante action sur le peuple et le clergé attirèrent sur eux les foudres administratives et les colères des patriotes. Plusieurs furent obligés de s'exiler.

Jean-Baptiste Micolon de Guérines qui, en l'absence de l'évêque, retenu à l'Assemblée nationale, prenait en mains l'administration du diocèse, et s'en tirait, malgré les difficultés du temps, avec succès, à la satisfaction de tous, se vit obligé de s'éloigner pour sauver sa vie. Il passa en Suisse avec sa famille. Rentré en France, après la tourmente, il fut appelé à la charge de grand-vicaire par le nouvel évêque de Clermont, Mgr de Dampierre et i montra tant de zèle, déploya tant de dévouement, surtout à l'époque du typhus, que le roi le nomma à l'évêché de Nantes où il fut intronisé en 1822. Il mourut après seize ans d'un fructueux épiscopat, en 1837, âgé de soixante-dix-huit ans.

Charles de Sartiges mourut dans l'émigration. François de Fargues, nous l'avons raconté ailleurs, fut massacré aux Carmes, en septembre 1792.

Joseph Micolon de Blanval né à Ambert, abbé de Beaulieu, chanoine de la cathédrale, vicaire-général, membre de l'Académie de Clermont, auteur de plusieurs mémoires historiques, mourut en 1792.

Antoine de Pons de la Grange continua, malgré la loi, après la nomination de l'évêque intrus, d'exercer ses fonctions de grand-vicaire. Ainsi il écrivit à M. Fayet, prêtre à Riom-ès-Montagnes, pour le confirmer dans sa résolution de refuser le serment, à M. Marcenat, vicaire dans le district de Mauriac, pour lui demander quels étaient les prêtres qui avaient prêté serment et quels étaient ceux qui l'avaient refusé; à M. Baroche, curé de Saint-Barthélemy d'Aydat, qu'il révoque pour s'être fait nommer Procureur de sa commune.

Le 22 juin 1791, il expédie un triple courrier qu'il confie à un voiturier de Bagnols. Avisée, on ne sait par qui, la municipalité de Rochefort saisit le courrier au passage et le décacheta. Il s'y trouva un bref du Pape, des instructions pastorales et une lettre adressée à M. Fabre, curé de la Bessette, prêtre insermenté, par laquelle le grand-vicaire agréait, en qualité de vicaire de la paroisse, l'abbé Arzat, du diocèse de Limoges.

Ces pièces compromettantes furent envoyées aux administrateurs du District et ceux-ci déposèrent une plainte en usurpation de fonctions, contre M. de Pons. L'affaire traîna en longueur, puisque le mandat d'amener fut lancé seulement le 18 mai 1792. On rechercha donc M. de Pons, mais M. de Pons s'était échappé en Piémont, emmenant les enfants de sa sœur qui, elle aussi, avait émigré.

Néanmoins l'affaire fut portée au tribunal. Mais les délits reprochés à l'inculpé avaient eu lieu avant l'amnistie du 27 septembre 1791, votée par l'Assemblée Constituante trois jours avant sa séparation, à propos de l'acceptation de la Constitution par Louis XVI. Le tribunal statua donc, le 28 août 1792, qu'il n'y avait pas lieu à poursuites pour les faits antérieurs à l'amnistie, puisqu'ils étaient couverts par elle.

M. de Pons passa seize ans hors de France où il devint aumônier de Madame la comtesse d'Artois ; rentré en Auvergne il fut nommé chanoine de Clermont et plus tard, en 1823, évêque de Moulins ; il mourut en 1849, à l'âge de quatre-vingt-dix ans, à son château de la Grange, près d'Issoire.

Comptons encore parmi les défenseurs de la vraie religion l'abbé Solignat. « Louis Solignat, né à Clermont en 1734, dit Mège, ne voulut pas prêter serment à la Constitution civile du clergé. Emprisonné, le 18 mars 1793, il fut remis en liberté en vertu d'un arrêté du représentant Chazal, du 30 prairial an III (18 juin 1795). Plus heureux que beaucoup de reclus, il obtint quelque temps après la restitution de ses livres ». L'abbé Solignat était membre de l'Académie de Clermont et professeur de théologie au collège de cette ville. Il mourut le 11 prairial an VI (30 mai 1798).

Antoine Delarbre, né à Clermont en 1724, fut d'abord curé de Royat, puis archiprêtre de la cathédrale. Botaniste distingué, docteur en médecine, membre de l'Académie de Clermont, associé correspondant des Académies de Nancy et de Dijon, il ouvrit à Clermont un cours d'histoire naturelle et fonda un jardin de botanique.

Quand vinrent les mauvais jours, à l'exemple de son évêque, il refusa le serment schismatique et, par son autorité, ses conseils, sa saine doctrine, il maintint ses paroissiens dans la bonne voie et préserva du naufrage un grand nombre de ses confrères, que l'évêque intrus s'efforçait d'attirer à sa cause.

Ses nombreux bienfaits répandus partout, les services scientifiques rendus à la ville et au département parlaient si haut en sa faveur que les révolutionnaires eux-mêmes eurent pour lui des ménagements. Pourtant, au fort de la Terreur, dispensé de la déportation à cause de son grand âge, il fut, comme prêtre réfractaire, enfermé dans une maison de réclusion avec une foule de ses confrères vieux ou infirmes.

Malade dans cette dure prison, il adressa aux administrateurs du département une pétition tendant à obtenir l'autorisation de se rendre aux eaux de Vichy. Cette pétition fut renvoyée à la municipalité de Clermont et celle-ci fit choix de deux médecins, qu'elle chargea de visiter le malade. Dans leur rapport les médecins conclurent « que le citoyen Delarbre ne pouvait pas rester plus longtemps dans la maison de réclusion sans être exposé, suivant toutes les prévisions de l'art, d'y succomber prochainement à la grave affection dont il était atteint ».

Malgré cette déclaration formelle, la municipalité se montra insensible et passa à l'ordre du jour.

Alors plusieurs amis du vénérable vieillard, touchés de son état, adressèrent une seconde pétition aux administrateurs du Puy-de-Dôme, dans laquelle nous lisons :

« Le citoyen Delarbre n'a-t-il pas lui-même sacrifié toute sa vie au service de ses concitoyens et de son pays ? Si le jardin de botanique existe, n'est-ce pas à lui que nous en sommes redevables ? N'est-ce pas lui qui l'a créé ? N'est-ce pas lui qui l'a enrichi aux dépens de sa fortune, de son repos et de sa santé ? N'est-ce pas lui qui a formé tous les élèves en botanique dans cette ville et dans le département, depuis vingt ans ? »

Le procureur-général-syndic ne voulant pas prendre la responsabilité de cette affaire prit le parti d'en référer au ministre de l'intérieur lui-même. Voici intégralement la lettre qu'il lui écrivit le 16 juillet 1793 :

Citoyen ministre,

Un prêtre, plus que septuagénaire et accablé d'infirmités, sollicite sa sortie de la maison de réclusion pour se rendre à Vichy, y prendre les bains et y faire les remèdes jugés nécessaires pour sa guérison. Un certificat d'officiers de santé, désignés par la municipalité, atteste qu'il ne peut sans danger évident pour sa vie, être privé de ces remèdes. Nous vous consultons pour cette affaire ; la loi est muette sur ce point. Faut-il laisser périr un citoyen faute de remèdes qu'il ne peut se procurer dans le milieu où il est détenu ?

Nous vous faisons observer que ce prêtre s'est toujours rendu utile au public, qu'il a consacré toute sa vie à soulager les pauvres, à instruire la jeunesse, le tout et toujours gratuitement.

Il s'est toujours occupé de botanique et c'est lui qui a donné l'élan à l'étude de cette science dans ce département. Ses infirmités mêmes lui sont venues à la suite des courses nombreuses qu'il a dû entreprendre sur nos montagnes dans l'intérêt de la science. Il a d'ailleurs constamment joui de l'estime générale et il en jouirait encore, si le préjugé de la *religion n'avait poussé dans son cœur de trop profondes racines.* Il n'a cependant donné dans aucun excès de fanatisme, *mais il n'a prêté aucun serment.* »

La réponse ne se fit pas longtemps attendre ; le 22 du même mois de juillet, le procureur-général-syndic recevait du ministre l'ordre « de traiter avec humanité le citoyen Delarbre et de faire droit à sa demande. »

Il paraît que M. Delarbre ne jouit pas longtemps de la liberté, et qu'il fut réintégré dans sa prison en 1794. Car voici ce que nous lisons dans *l'Histoire de l'Académie de Clermont* par Francisque Mège, pag. 223 :

« Le 2 nivôse an III (22 décembre 1794) tous les médecins de Clermont s'étant réunis pour solliciter son élargissement, le représentant Musset, par arrêté du 7 nivôse (27 décembre) ordonna sa mise en liberté, à condition toutefois qu'il resterait en arrestation dans la commune de Clermont, continuerait de veiller au jardin de botanique et reprendrait ses cours d'histoire naturelle. »

Francisque Mège ajoute : « Ruiné par la suppresion des bénéfices ecclésiastiques et aussi par les dépenses que lui avaient occasionnes tanté ses excursions et publications scientifiques que l'établissement du jardin botanique, l'abbé Delarbre fut obligé, dans les dernières années de sa vie, de solliciter des secours auprès de l'administration. Le 13 thermidor an VIII (1ᵉʳ août 1800), le conseil général du Puy-de-Dôme « ayant d'un avis unanime constaté qu'il avait toutes sortes de droits à la reconnaissance publique et aux bienfaits du gouvernement et que l'indemnité qu'il réclamait ne serait qu'une faible compensation des dépenses faites par lui pour l'avancement des sciences et le bien de son pays, s'empressa d'émettre un vœu pour que le gouvernement lui accordât une indemnité de dix huit cents livres. »

Antoine Delarbre mourut en 1807, laissant plusieurs ouvrages scientifiques. (1)

Avant de continuer l'histoire du serment et des confesseurs de la foi dans le diocèse de Clermont, suivons Mgr de Bonal dans son exil et finissons l'émouvante biographie de cette grande figure épiscopale.

(1) *Semaine religieuse* de Clermont.— *L'Académie de Clermont* par F. Mège.

## CHAPITRE IV

MGR DE BONAL FUGITIF. — SES CORRESPONDANCES AVEC SON DIOCÈSE, AVEC LE PAPE ET AVEC LE ROI. — IL EST DÉNONCÉ. — SON TESTAMENT. — SES LONGS VOYAGES. — SES DERNIÈRES INSTRUCTIONS. — SA MORT.

Le crime était consommé ; l'évêque de Clermont était chassé de son siège par la violence d'un gouvernement impie et par l'intrusion d'un schismatique. Bientôt, à la fin de septembre 1791, l'Assemblée nationale constituante fut remplacée par l'Assemblée nationale législative et dès lors Mgr Bonal n'étant plus député et, d'autre part, ne pouvant plus paraître dans son diocèse, dut mener une vie de proscrit et de fugitif.

Il se cacha longtemps à Paris, d'où, par l'intermédiaire de ses anciens grands vicaires, il entretenait des rapports avec ses diocésains, les encourageait, leur donnait des conseils, les avertissait des erreurs que l'on prêchait de toutes parts autour d'eux.

Il avait aussi des relations secrètes avec le pape. « Dans la correspondance qu'il eut avec le souverain Pontife, dit Madame de Montaigu, il avait pour auxiliaires secrets Madame la duchesse d'Ayen et sa fille, Madame de Lafayette. La mère recevait les lettres du prélat et les donnait à sa fille qui les faisait parvenir à Rome. Les réponses de Rome venaient par la même voie. Mgr de Bonal n'avait pas oublié cette pieuse complicité d'efforts, d'inquiétudes et de prières. » (1)

La sanction, donnée à la Constitution civile du clergé par le roi, remplissait de remords l'âme de l'infortuné Louis XVI. Le temps pascal était venu, et le roi, se demandait s'il pouvait, sans rétractation formelle, remplir l'obligation de la communion pascale. Dans cette perplexité, il s'adressa à l'évêque de Clermont et lui écrivit une lettre restée célèbre, qui ne porte pas de date, mais qui a dû être écrite au temps pascal de l'année 1792. Elle fut insérée plus tard au *Moniteur Universel* n° du 6 décembre 1792. La voici en entier :

« Je viens, Monsieur l'évêque m'adresser à vous avec confiance, comme à une des personnes

---

(1) Mémoires de Madame de Montaigu, fille de la duchesse de Noailles d'Ayen.

du clergé qui a montré constamment le zèle le plus éclairé pour la religion. C'est pour mes Pâques que je viens vous consulter. Puis-je les faire et dois-je les faire dans la quinzaine ? Vous connaissez le malheureux cas où je me trouve par l'acceptation des décrets sur le clergé, j'ai toujours regardé leur acceptation comme un acte forcé, n'ayant jamais hésité, pour ce qui me regarde, à rester toujours uni aux pasteurs catholiques, et étant fermement résolu, si je venais à recouvrer ma puissance, à rétablir pleinement le culte catholique. Un prêtre, que j'ai vu, pense que ces sentiments peuvent suffire et que je peux faire mes Pâques. Mais vous êtes plus à portée de voir ce qu'en pense l'Eglise en général, et les circonstances où nous nous trouvons : si d'une part, cela ne scandaliserait pas les uns, et de l'autre, je vois les novateurs (raison, à la vérité, qui ne peut compter dans la balance) parler presque déjà avec menace. Je vous prie de voir sur cela les évêques que vous jugerez à propos, et de la discrétion desquels vous serez sûr. Je désire aussi que vous me répondiez demain avant midi, et me renvoyiez ma lettre. »

Voici la réponse de l'évêque qui fut celle d'un Père de l'Eglise.

« Sire, si jamais j'ai désiré les lumières et la

sagesse d'en haut, c'est dans une circonstance, où Votre Majesté m'ordonne de lui dire mon sentiment sur un objet aussi critique qu'intéressant.

Je dois commencer par exprimer à Votre Majesté, combien je suis flatté de la confiance qu'elle daigne me témoigner, en même temps que j'en sens tout l'honneur et tout le prix, je ne puis qu'être confondu par l'intime conviction de mon insuffisance pour décider une question aussi importante que celle à laquelle vous m'imposez la loi de répondre. Pour y suppléer, Sire, j'ai profité de la liberté que vous m'avez donnée, de consulter deux de mes confrères, dont la discrétion et les lumières ne me paraissent pas équivoques, et c'est ce qui m'empêche de faire parvenir ma réponse a Votre Majesté avant midi. J'ose espérer qu'elle voudra bien excuser ce délai, devenu indispensable, sa lettre ne m'ayant été remise qu'à neuf heures du matin.

Votre Majesté me fait l'honneur de me demander si je pense qu'elle puisse et doive faire ses Pâques dans la malheureuse circonstance où elle se trouve. Je prends la liberté de lui représenter que la chose doit être considérée sous deux rapports . d'abord en elle-même, et ensuite relativement à l'édification publique. Sous le premier point de vue, mon extrême désir de voir Votre Majesté participer au pain des forts dans un moment où elle a tant besoin de cette ressource, et recevoir le Dieu de toutes les consolations quand elle est assiégée d'inquiétudes et de chagrins, me porterait à adopter le sentiment du prêtre sûrement éclairé et fidèle à l'Eglise, qu'elle a consulté. Un vrai regret pour le passé, une ferme résolution pour l'avenir, voilà, en général, ce qui est nécessaire pour recevoir l'absolution, et pouvoir se montrer à la sainte Table ; mais ces dispositions doivent être manifestées, quand on a été dans le cas de faire des choses qui ont pu scandaliser, et j'ose dire à Votre Majesté que l'acceptation ou la sanction donnée à différents décrets, notamment à ceux qui, dans la Constitution du clergé, ont rapport aux objets spirituels, ainsi qu'à ceux du 27 novembre, ont eu les suites les plus affligeantes pour l'Eglise et les plus désastreuses pour la religion. Je sais que Votre Majesté les déplore, et elle le peint dans sa lettre avec l'énergie la plus religieuse et la plus édifiante. Je suis convaincu que des considérations, qu'elle a crues dans l'ordre de la sagesse, et de l'amour de la paix, ont arraché à sa main ce que son cœur désavouait ; je suis encore pleinement persuadé qu'elle a cru pouvoir céder à la force ; mais, Sire, quand il s'agit de la religion et de la loi de Dieu, Votre Majesté n'ignore pas que ce n'est que la résistance à la force qui a fait les martyrs et que c'est le sang qu'ils ont su verser pour cimenter l'œuvre de notre rédemption qui a été le plus puissant moyen de nous transmettre ce beau présent du Ciel. Je vois des motifs puissants, et je les trouve dans votre propre cœur, pour adopter le parti favorable à vos désirs, que le prêtre, que vous avez consulté, a cru pouvoir adopter. Mais, Sire, dans l'ordre de l'édification publique, je suis véritablement effrayé, et je me permets de faire envisager à Votre Majesté que, ne pouvant, sans des inconvénients incalculables, ni réparer le mal que les acceptations et les sanctions ont fait, ni en produire le dessein pour le temps où vous pourrez satisfaire à cet égard le sentiment religieux qui vous presse, il paraît que l'accomplissement du devoir pascal dans une pareille circonstance produirait infailliblement les effets les plus fâcheux. Tous vos sujets connaissent que Votre Majesté a concouru à la loi subversive de la religion, et tous n'évalueront ni la position où vous vous êtes trouvé, ni les obstacles que trouve Votre Majesté, dans la réparation qu'elle voudrait faire ; et je vois clairement ceux qui sont invariablement attachés à leurs principes, consternés, les faibles entraînés dans l'erreur par un exemple aussi imposant, et les ennemis de la religion affermis dans leur triomphe.

D'après ces considérations, Sire, je dois exposer à Votre Majesté que ce qui me paraît le plus sage, est de suspendre la communion pascale; il est hors de doute que dans cette conduite, il n'y a rien d'opposé aux principes de la religion; chaque jour l'autorité spirituelle, soit qu'elle s'exerce par les confesseurs, soit de tout autre manière, consacre ces délais qui sont aussi légitimes que les anticipations, et des motifs moins graves que ceux qui détermineraient Votre Majesté suffisent.

Il me paraît important, Sire, de prévenir, même dans des vues de politique, ce qui pourrait arriver si Votre Majesté se croyait obligée de remplir le devoir pascal dans la quinzaine; ces vues ne sont pas étrangères à la religion, qui est l'amie de la paix, de la tranquillité et de l'ordre public. Il est impossible de se dissimuler que ceux, qui osent vouloir dicter les démarches de Votre Majesté, mettraient un grand plaisir à lui faire adopter le parti de se rendre à sa paroisse; ce serait là un scandale. Si Votre Majesté communiait dans sa chapelle, elle s'exposerait peut-être à ce qu'elle a si sagement à cœur d'éviter, et je croirais presque que le délai devient pour elle un devoir. »

C'est là la parole d'un docteur et d'un saint. Nous ne savons quel parti prit le Roi.

Vers la même époque l'évêque de Clermont était dénoncé à l'Assemblée nationale.

Le canton de Saint-Pourçain et plusieurs autres paroisses environnantes, qui appartiennent aujourd'hui au diocèse de Moulins, faisaient, avant le Concordat de 1801, partie de celui de Clermont et se trouvaient par conséquent sous la juridiction spirituelle de Mgr de Bonal. Assurément dans la mesure du possible, le courageux Prélat cherchait à procurer le salut des pasteurs et des brebis de ces contrées et entretenait par conséquent des correspondances avec eux. Sur ses avis et d'ailleurs par devoir de conscience, les curés de ce pays continuaient à procurer avec dévouement les sacrements aux fidèles.

Cet accomplissement courageux du devoir alluma tellement la colère des *Amis de la Constitution* de Saint-Pourçain qu'ils écrivirent à l'Assemblée législative une lettre de dénonciation contre l'évêque et le clergé, en date du 18 avril, laquelle parut dans *le Moniteur*, n° du 28 avril 1792, et que voici :

« Saint-Pourçain, ce 18 avril 1792. — On vient de découvrir une correspondance criminelle entre M. Bonal, ci-devant évêque de Clermont et plusieurs prêtres des environs de cette ville, tendant à semer dans les esprits des habitants de la campagne des impressions capables de les détourner, dans le temps de Pâques, de leurs pasteurs et de tous les prêtres assermentés. Ils avaient fait grand nombre de prosélytes. Les uns confessaient çà et là, d'autres donnaient la bénédiction nuptiale partout où ils se trouvaient, et d'autres célébraient l'office dans les endroits les plus reculés et même dans leurs chambres.

Cela ne pouvait durer longtemps ; le 6 de ce mois, le juge du canton de Châtel-de-Neuvre a reçu une dénonciation du procureur-syndic du district de Moulins, autorisée de MM. les administrateurs du département de l'Allier, contre M. Philippe Papon, ci-devant curé de la paroisse de Contigny, sur lequel le juge de paix a décerné un mandat d'amener.

Ce mandat a été mis à exécution le jour de Pâques, et suivi, deux jours après, d'un mandat d'arrêt, en vertu duquel le ci-devant curé a été conduit au district de Moulins.

Voilà l'ouvrage du sieur Bonal. Les écrits incendiaires et scandaleux de ce ci-devant évêque demandent à grands cris son arrestation, il faut qu'il apprenne que tous ses complots sont dévoilés, que sa conduite est connue, ainsi que les motifs qui l'ont fait agir ; qu'il apprenne aussi que tous ses efforts seront impuissants, que l'on a maintenant les yeux fixés sur les curés de Chareil, Montor, Moussat, Saulcet et autres circonvoisins, les agents de son fanatisme, et qu'il est à parier qu'aucun n'échappera au zèle et à la vigilance des districts et des municipalités. Nous sommes très sincèrement, etc.

Les amis de la Constitution. » (1)

Philippe Papon, dont on parle ici, fut conduit à Rochefort avec 75 autres prêtres. Il mourut sur le navire les *Deux-associés*, et fut enterré à l'île d'Aix en 1794.

La vie de Mgr de Bonal était en danger ; il dut prendre des précautions infinies pour éviter d'être arrêté. Il était encore à Paris, le 30 avril 1792, caché dans le modeste hôtel de Pons, rue des Saints-Pères, faubourg Saint-Germain, paroisse de Saint-Sulpice. Il y était encore le 9 avril 1793 (2). Dans ces diverses cachettes il or-

(1) *Moniteur*, t. XII, p. 239.
(2) Voy. *Une nouvelle page du martyrologe en 1793*. page 259.

donna en secret plusieurs prêtres, entre autre Charles de la Tour d'Auvergne, plus tard évêque d'Arras, comme le prouve une note laissée par ce dernier, ainsi conçue : « Aujourd'hui, jour de saint Jean-Baptiste, il y a cinquante-neuf ans que j'ai été ordonné prêtre par Mgr de Bonal, évêque de Clermont, en secret, dans sa chambre, rue et hôtel Taranne, à Paris. Priez pour moi. Charles, cardinal, évêque d'Arras. »

L'Assemblée nationale venait de décréter la loi du 26 août 1792, qui ordonnait la déportation de tous les prêtres non assermentés, et le même jour, la nouvelle des victoires des Allemands avait mis Paris dans un état de surexcitation tel que les jacobins s'écriaient dans le délire qu'avant d'aller combattre les ennemis du dehors il fallait écraser les ennemis du dedans. En effet, le 2 et le 3 septembre, des milliers de personnes de tout rang furent massacrées dans les prisons de Paris, sous prétexte qu'elles étaient de connivence avec l'ennemi.

Or c'était l'avant-veille de cette boucherie sanglante que Mgr de Bonal caché, se croyant à l'heure de la mort, fit son testament.

Ce testament olographe, où, parmi les dernières dispositions du Prélat, se trouve un legs de sept mille cinq cents livres, fait aux pauvres du diocèse de Clermont, est un monument de piété et de charité (1).

Nous ignorons la date et les circonstances du départ de Mgr de Bonal pour l'exil.

En 1794, nous le retrouvons dans la petite île de Texel, au nord de la Hollande. Les troupes françaises ayant pénétré dans ce pays, l'évêque fut fait prisonnier avec plusieurs autres émigrés.

La loi du 30 vendémiaire, an II (22 octobre 1793) punissait de mort ou de bannissement tout émigré, saisi dans les pays conquis par les armées de la République.

Il fut décidé que le Prélat serait conduit à Bréda, dans le sud de la Hollande, pour y subir son jugement.

Il quitta donc le Texel et, monté sur une charrette, sous bonne escorte, il commença un terrible et long voyage exposé aux rigueurs d'un froid de dix-neuf ou vingt degrés, à l'âge de 61 ans, n'ayant pour gîte, la nuit, que la prison du lieu où l'on s'arrêtait.

« Il parcourut ainsi presque toutes les prisons de la Hollande ; mais à peine abordait-il celle d'Utrecht, qu'atteint d'une fluxion de poitrine, il voyait déjà sa vie en danger ; on ne le força pas

(1) Voir ce testament aux pièces justificatives N° 1.

moins de voyager trois journées encore. Eh! combien d'ailleurs la marche alors devenait pénible! Les routes n'étant plus praticables pour les charrettes, il fallut que le prélat malade mît pied à terre, passant tantôt sur de la glace qu'un dégel incomplet recouvrait d'un demi-pied d'eau, et tantôt sur des planches étroites et vacillantes, qui, servant de ponts sur des mares et des canaux, étaient toujours sur le point de le noyer. Les forces lui manquaient absolument, quand il entra dans Bois-le-duc ; et l'on fut obligé de l'y laisser 31 jours, pendant lesquels il fut entre la vie et la mort. Aux dangers de sa maladie vient se joindre un affreux accident, précisément lorsqu'elle en est à son plus alarmant paroxysme. Les eaux, dans leur violence, ont rompu une digue ; elles inondent tout à coup la ville, et, vers onze heures du soir, la maison, où il se trouve comme agonisant, est sur le point d'être entièrement submergée. Des âmes compatissantes le transportent à la hâte dans un autre asile ; mais encore l'inondation l'y prive, cinq à six jours, de toute communication avec son médecin et les autres personnes dont sa maladie lui rend les secours nécessaires. Cependant au milieu de tant de périls, de douleurs et de privations, le saint prélat n'a pas un seul instant de crainte, de chagrin et de tristesse. Si l'on admire sa sérénité, il se hâte de déclarer que c'est à la grâce de Dieu qu'il doit ce courage, par lequel il devient si supérieur à son accablante situation. Dès qu'il se sent revenir un peu de forces (au milieu de mars 1795), il demande comme une faveur qu'on le transporte à Bréda pour être enfin jugé ; et on l'y conduit. Sa convalescence n'y est pas achevée, que, vers la fin du mois, il est condamné à être jeté sur le territoire du Holstein, encore étranger aux conquêtes de la République Française. Ce nouveau voyage de cent cinquante lieues, où il doit être encore gardé par des soldats, ne sera pas moins cruel que le précédent, et durera trois mois. De Bréda à Amsterdam, le trajet se fait sur des barques, où notre saint prélat est entassé avec quatre-vingt-dix autres déportés; et, d'Amsterdam, aux rives de l'Elbe, sur un vaisseau qui semble choisi pour leur faire endurer un long martyre. Ils y restent vingt et un jours, assiégés par la faim, la soif, l'insomnie et toute la brutalité d'un capitaine cupide qui, pour gagner davantage sur ses passagers, prolonge leur navigation cinq à six fois au-delà du temps qui lui aurait suffi par le bon vent qui la favorisait. » (1)

(1) Les *Martys de la foi* par Guillon.

Arrivé dans le Holstein, il se reposa de ses fatigues dans la ville d'Altona, où il trouva plusieurs de ses diocésains, entre autre Madame de Montagu, fille du duc d'Ayen, sœur de madame de Lafayette, et par conséquent petite-fille du maréchal de Noailles dont nous avons raconté la mort tragique.

La marquise de Montagu habita Paris ou son château de Plauzat dans le Puy-de-Dôme, jusqu'à son départ pour la Hollande, en septembre 1791.

« A Altona, Madame de Montagu (c'est elle-même qui parle) se ménageait chaque matin, soit avant, soit après la messe, quelque entretien particulier avec lui ; il venait la voir à son tour, et la sagesse de son esprit, ses grandes manières, son usage du monde, l'art avec lequel il savait tempérer, sans la perdre ou la faire oublier, sa gravité épiscopale avait conquis aussi Madame de Tesse (tante de Madame de Montagu). Elle alla un jour le visiter et elle fut si frappée du délabrement de sa demeure, et de tout ce qui y manquait, qu'elle engagea sa nièce à lui tricoter, aux approches du froid, une couverture de laine. Cette couverture, aussitôt commencée, et avec tout le zèle qu'on peut imaginer, fut deux ou trois fois interrompue....

L'interminable couverture de l'Evêque était finie ; Madame de Montagu, en l'offrant au prélat, lui dit que ce travail lui avait porté bonheur et qu'il se rattachait aux plus doux moments de son exil. Il reçut ce présent avec infiniment de grâce, avoua qu'il en avait besoin, et promit de s'en servir ; mais quant à ce dernier point Madame de Montagu n'est pas bien sûre qu'il ait tenu parole. Le bon prélat ne savait rien garder, et il trouvait toujours parmi ses compatriotes quelqu'un de plus frileux que lui. » (1)

Madame de Montagu quitta Altona dans le courant d'octobre 1795. Mgr de Bonal quitta également ce froid pays du nord, vint se réfugier à Fribourg en Suisse, de là à Constance, enfin dans la Bavière, à Munich, où il mourut, le 3 septembre 1800 ; il fut enterré dans le couvent des capucins. Avant de mourir il adressa ses dernières instructions à ses chers diocésains. C'est un monument du zèle, du dévouement, de la piété de ce confesseur, je dois dire, de ce martyr de la foi (2).

(1) Mémoires de Madame de Montagu.
(2) Voir aux pièces justificatives ces Instructions : n° 2.

# CHAPITRE V

POLÉMIQUE AU SUJET DU SERMENT. — PRESTATION DU SERMENT DANS LE PUY-DE-DÔME.

Laissons le grand évêque de Clermont reposer en paix dans sa tombe lointaine et revenons en Auvergne.

Aussitôt après la promulgation du décret du 27 novembre 1790, imposant l'obligation du serment de fidélité à la Constitution civile du clergé, une vive polémique au sujet de ce serment s'éleva dans toute la France. Les uns soutenaient que ce serment était licite et pouvait être prêté en conscience, d'autres étaient d'un avis contraire et c'était le plus grand nombre.

En Auvergne, comme ailleurs, furent répandus de nombreux écrits en faveur ou contre la Constitution civile du clergé ; nous en avons sous la main un certain nombre.

Brochures contre le serment :

— Lettre de M. Mathias, curé d'Eglise-Neuve,

en Auvergne, député, à M. Bourdon, curé d'Evaux, son co-député.

— Lettre d'un curé à ses paroissiens, par le même.

— Réflexions sommaires sur le décret du mois de novembre 1791 concernant les ecclésiastiques non assermentés.

— Lettre d'un catholique de Clermont au citoyen évêque Périer.

— Miroir du citoyen Périer, se disant évêque de Clermont.

— Lettre d'un curé du diocèse de Saint-Flour à M. Delcher, curé de Brioude.

Ces divers écrits prouvent théologiquement et historiquement que le serment était illégitime, attendu qu'on ne peut en conscience jurer d'observer une Constitution qui détruit la juridiction du pape.

A côté de ces vaillants défenseurs de la foi se levaient de hardis prédicateurs du mensonge et de l'erreur.

— Examen sérieux et impartial sur la légitimité et illégitimité du serment par Delcher, curé de Brioude.

— Lettre d'un bon catholique à son curé, par M. Delzons, juge au tribunal d'Aurillac.

— Discours par Guitard, président des administrateurs du département prononcé, le 23 janvier 1791, à la société des *Amis de la Constitution*.

— Discours prononcé le 6 novembre 1791 aux Amis de la Constitution par Hébrard.

Il est curieux de voir les raisons, qu'apportent ces théologiens laïques pour prouver la légitimité du serment.

« Je vous l'ai dit plusieurs fois, mon cher curé, dit M. Delzons, les décrets de l'Assemblée nationale sur la Constitution civile du clergé, bien loin de porter atteinte à notre religion, forment au contraire la plus belle loi de discipline qui ait été faite depuis douze siècles et doivent beaucoup contribuer au bien spirituel de l'Eglise. Je ne suis qu'un laïque, mais je suis aussi attaché à ma religion qu'aucun évêque de France... » Il essaie ensuite de réfuter les objections faites contre la Constitution civile du clergé, mais il se perd dans un dédale d'idées incohérentes : amas de contradictions, mélange d'erreurs et de vérités ; il confond le pouvoir d'ordre avec le pouvoir de juridiction.... Il prétend que saint Pierre a usurpé une partie de son pouvoir, sur celui des évêques.... « J'entends dire, ajoute-t-il, que les biens ecclésiastiques étaient dédiés à Dieu et dès lors sacrés et inviolables. Hommes insensés! faibles créatures! croyez-vous que le maître de l'univers ait besoin de vos dons ou veuille mettre à prix ses grâces et ses bienfaits?... »

« Dans les premièrs siècles de l'Eglise, dit Guitard, les évêques étaient élus par le peuple et le clergé...; si depuis les ecclésiastiques s'arrogèrent le droit exclusif des élections, si ensuite sous le prétexte de faire cesser les abus qui s'y glissaient, Léon X et François Ier achevèrent d'en dépouiller le peuple et les ecclésiastiques, les uns et les autres disposèrent d'un droit qui ne leur appartenait pas. Ainsi, en le donnant au peuple, l'Assemblée nationale décrète une restitution. Ceux qui s'y opposent demandent la continuation d'une injustice et d'un abus... »

C'est clair; d'après ces savants laïques, le pape n'a pas le droit de gouverner l'Eglise; c'est le peuple qui a ce droit. Mais inutile de suivre ces théologiens improvisés dans leurs singulières élucubrations.

Ce fut dans ce croisement de pamplets, de lettres, de discours, au milieu d'une effervescence toujours croissante, qu'eût lieu la prestation du serment en Auvergne.

Cette cérémonie funèbre devait être faite un

dimanche à l'issue de la grand'messe en présence des fidèles, du maire et du Conseil municipal. Elle n'eût pas lieu le même jour dans toutes les paroisses; des prêtres demandaient le temps de réfléchir, d'autres étaient absents ou renvoyaient leur décision à plus tard. Ceux qui refusaient cet acte d'obéissance à la Constitution civile du clergé étaient par cela même démissionnaires de leurs fonctions, privés de leur traitement et des droits de citoyen ; ceux qui rétractaient leur serment, après l'avoir prêté, étaient déclarés suspects, perturbateurs du repos public et traités comme tels.

A mon avis il est impossible de connaître le nombre exact des ecclésiastiques qui, en Auvergne, prêtèrent le serment schismatique ou qui du moins adhérèrent formellement au schisme.

Dans les archives des départements, des districts et des communes, on trouve des documents, de nombreuses listes contradictoires : listes des prêtres qui ont prêté serment, listes des prêtres qui l'ont refusé, listes des prêtres qui après avoir prêté serment l'ont rétracté, listes des prêtres déportés, listes des prêtres qui ont pris des passeports, listes confectionnées en 1791, en 1792, en 1793, en 1795, etc.

Or, dans ces listes, parfois tel prêtre est qualifié d'insermenté dans l'une, d'assermenté dans l'autre ; tel autre prêtre, qui s'est rétracté, reste pourtant inscrit dans la liste des assermentés ou jureurs, tel autre est porté en même temps sur la liste des assermentés et sur la liste des insermentés.

Ce qui augmente la confusion et le doute, c'est que beaucoup de prêtres, dans la prestation du serment, se servirent de la formule de Mgr de Bonal. Or, certaines municipalités n'acceptèrent pas ce serment, d'autres s'en contentèrent, de sorte que les prêtres dans ce dernier cas, quoique n'ayant pas prêté le serment schismatique, étaient regardés comme l'ayant prêté, et étaient portés sur la liste des jureurs.

Ailleurs, certaines municipalités, pour garder leurs curés, laissaient croire que ces curés avaient prêté serment, et, malgré leurs réclamations, faisaient constater leur soumission à la loi.

Disons encore que les Assemblées de l'époque, éprises de la manie des serments, en exigeaient de tous et pour tout : serment à la Constitution civile du clergé, serment de fidélité à la Constitution française, serment de liberté-égalité, serment de civisme, serment de haine à la royauté, etc. Or les documents, portant que tels prêtres ont prêté serment, n'indiquent pas de quel serment il est question, ce qui met le lecteur dans l'impossibilité de savoir si ces ecclésiastiques ont prêté le serment schismatique ou un autre.

« Il faut se garder, dit Marcellin Boudet, de confondre le serment de fidélité à la Constitution, prêté en vertu de la loi du 4 février 1790, et celui prescrit par la Constitution du 12 juillet de la même année. Le premier était parfaitement licite, l'Assemblée n'ayant opéré qu'une révolution politique ; le second était seul entaché de schisme et d'hérésie. Ainsi quand on rencontre un document constatant la prestation du serment de fidélité à la Constitution par un ecclésiastique, il importe de distinguer à quelle date et en vue de quelle Constitution il a été prêté ».

Une dernière observation : dans les registres de catholicité, enlevés aux églises en 1793 et déposés dans les mairies, on voit, au bas des actes, la signature du même prêtre durant les années 1790, 1791, 1792. Faut-il en conclure que ce curé ou vicaire a prêté serment ? non. Il arrivait souvent que, faute de prêtres, assermentés les paroisses gardaient leurs prêtres, quoique non assermentés, et les administrations toléraient cette infraction à la loi.

D'après ce que nous venons de dire, il est, je le répète, impossible de savoir exactement le nombre des ecclésiastiques qui réellement acceptèrent le schisme.

Nous sommes portés à croire, d'après les documents, que beaucoup de prêtres prêtèrent serment, mais que peu embrassèrent le schisme.

Lorsque, en 1799, il fut question d'élire un évêque constitutionnel pour remplacer Thibault, démissionnaire depuis longtemps, il ne se trouva dans le Cantal que quatre-vingt-sept prêtres pour participer à cette élection schismatique.

Sans doute, dans les premiers jours, la vérité n'étant pas bien dégagée de l'erreur, il y eut des défections dues pour la plupart à l'ignorance, à la peur, à la pression exercée par la famille, par les amis, par des personnages influents. Mais bientôt, Rome ayant parlé, la question étant éclaircie et, la lumière d'en Haut, illuminant les esprits, les faibles retrouvèrent les saintes énergies de la foi, se rétractèrent et rentrèrent, humbles et soumis, dans le giron de l'Église.

Ces observations faites, disons ce que nous savons sur la prestation du serment dans le Puy-de-Dôme. Nos renseignements n'étant pas très étendus sur cette matière, nous laissons parler les écrivains qui ont fait des recherches sur ce point historique.

Voici ce que dit Marcellin Boudet dans son livre des *Exécutés*.

« L'évêque de Clermont, Mgr de Bonal, homme de caractère et député distingué, était un des principaux adversaires du schisme dans le sein de l'Assemblée Constituante. Si la Constitution civile du clergé n'eut pas d'ennemis plus éminents, elle en eut d'aussi prononcés. Cinq hommes de loi, de Riom, en tête desquels figurait M. Andraud, signèrent et publièrent une consultation, affirmant qu'elle était non seulement violatrice des pactes conclus entre l'Eglise et l'Etat, mais qu'elle attentait aux principes mêmes de la Révolution. L'évêque de Saint-Flour, les grands vicaires des deux diocèses et généralement le haut clergé des deux départements, imitèrent son exemple. La majorité du clergé inférieur resta également fidèle. Toutefois les assermentés furent en assez grand nombre ; beaucoup, dont les familles étaient pauvres, eurent peur de la misère où le refus de serment allait les plonger. Beaucoup aussi se laissèrent entraîner par les subtilités théologiques d'un prêtre érudit et ambitieux que son mérite intellectuel avait fait placer par les oratoriens à la tête du collège noble d'Effiat ; le système de l'abbé Périer était de protester de son inviolable attachement au Saint-Siège et de prétendre que la prestation du serment à la Constitution ne faisait pas sortir les assermentés du sein de l'Eglise. Il était l'ami, le protégé du janséniste Camus... Il avait prêté le serment le premier ; d'un seul coup, le 26 décembre 1790, dix-sept oratoriens d'Effiat et dix oratoriens de Riom imitèrent son exemple.

En 1791, la liste des ecclésiastiques assermentés du Puy-de-Dôme a été dressée par chaque maire et centralisée au chef-lieu. De cette liste, il résulte que sur mille à onze cents prêtres environ, quatre cent soixante-quinze ont prêté serment. Revenus de la première surprise, éclairés par les mandements de Mgr de Bonal, quelques-uns se rétractèrent. Dans le Cantal et dans les districts montagneux de la Basse-Auvergne, il y eut beaucoup moins de serments... »

Lorsque le Pape eut condamné la Constitution civile du clergé les rétractations se multiplièrent.

« Les apostats repentants, ajoute Boudet, apportent en grand nombre leurs rétractations. Nous avons sous les yeux cinquante-huit rétractations, de l'an III à l'an IV, pour le Puy-de-Dôme seulement. » (1)

---

(1) *Les Exécutés*, p. 162-179.

A la première page de son livre, M. Boudet dit en note que : « un état des prêtres, auxquels la déportation était applicable, en porte 868 pour le Puy-de-Dôme seulement », nouvelle preuve du petit nombre des schismatiques.

Dans son *Histoire de la Constitution civile du clergé*, tom. II, p. 66, M. Sciout dit :

« Dans le département du Puy-de-Dôme, la majorité du clergé refusa tout de suite le serment et les populations se montrèrent fort attachées à leurs véritables pasteurs. Le 21 mars 1791, le directoire du département déplorait dans une lettre à l'Assemblée nationale « la disette des fonctionnaires publics assermentés » et se plaignait beaucoup des brochures dont les prêtres, se faisaient « les infâmes distributeurs » et avec lesquelles, ils cherchaient « à empoisonner un pays où depuis longtemps le fanatisme compte de nombreux partisans ». Ce n'était pas évidemment la faute de ce directoire si le schisme échouait tristement dans ce pays. »

Dans le district de Besse, plus de quarante prêtres refusèrent le serment ; dix-sept seulement le prêtèrent et encore plusieurs se rétractèrent-ils bientôt, de sorte qu'il y avait disette de prêtres constitutionnels dans ce district, comme le prouve la lettre suivante que le procureur-général-syndic du département du Puy-de-Dôme, écrivit, le 24 octobre 1792, au procureur-syndic de Besse :

« Citoyen, si je ne vous ai pas répondu plus tôt au sujet des desservants que vous me demandez, c'est parce que je désirais savoir si parmi les prêtres qui ont prêté serment, il y en avait qui voulussent se vouer au culte divin. Mais hélas ! la peur ou le cri de l'estomac ont été les seuls inspirateurs de leur serment et bientôt, si on n'ôte pas l'honnête laboureur de derrière sa charrue pour en faire un prêtre, le champ du seigneur restera inculte. Il faudrait une plume plus mystique que la mienne pour peindre ces malheurs. Que ne fais-je les prêtres, bientôt vous en auriez. Monestier. » (1)

« Que de peine, dit Morin, se donna le malheureux Périer pour recruter un clergé digne de son troupeau ! Il ramassa dans la fange du schisme ce que la Révolution y avait traîné de taré et d'impur. Pauvre clergé qui, après quelques semaines de fonctions, n'inspirait à l'évêque intrus que regrets amers et profond dégoût. Au début du schisme, on aurait dit que la divine Providence voulait éclairer ces misérables ju-

---

(1) *Notice sur l'abbé Mathias,* p. 18.

reurs en frappant dans leurs rangs des coups redoublés. Chastagnon, chantre de l'église de Vertaison, remplissait sa charge au moment où le curé intrus célébrait une messe sacrilège pour sa prise de possession. Tout à coup il le voit tomber mort au pied de l'autel, quelques instants avant la consécration. Ce châtiment effrayant aurait dû le toucher ; il n'en fut rien. Chastagnon combla le vide en acceptant sa place. On dit que quand le malheureux Périer connut les bassesses et les vices des prêtres de sa nouvelle église, il eut un profond regret et une véritable douleur de se trouver à la tête d'un pareil clergé. » (1)

Dans l'*Auvergne historique* nous lisons :

« En Auvergne, terre catholique par excellence, il avait été impossible de faire s'implanter les dogmes de la foi civique. L'hostilité contre l'Eglise soulevait dans les consciences plus de colères que de défections.... Une sorte de ligue s'était formée contre la Constitution civile du clergé ; malgré promesses, malgré menaces, les adhésions n'affluaient pas et, dans les Districts de la Montagne presque aucun ecclésiastique n'avait voulu prêter le serment officiel. L'administration faisait publier avec ostentation des listes

(1) L'*Auvergne chrétienne* par l'abbé Morin, pag. 205.

portant à environ quatre cents le nombre des prêtres du diocèse incorporés sous sa loi, mais on n'avait pas tardé à apprendre que ces listes étaient mensongères. Elles avaient négligé de tenir compte des restrictions mentionnées dans la formule du serment; elles se gardaient de signaler le monosyllabe *vi* (par la force), timidement intercalé par quelques prestataires besogneux, dans leur nom ou dans leur paraphe, pour marquer la contrainte à laquelle ils obéissaient ; elles taisaient enfin les éclatantes rétractations qui venaient chaque jour corriger un instant de faiblesse. Sauf parmi les membres de la congrégation de l'Oratoire, l'abstention était demeurée la règle. Les élèves du grand-séminaire s'étaient eux-mêmes déclarés solidaires de la résistance de leurs supérieurs.... Les intrus se recrutaient malaisement. Bien qu'on offrît des cures importantes à de jeunes vicaires sans expérience, on ne trouvait pas toujours des candidats. Le procureur-syndic du District de Billon était obligé de prier son collègue du District de Clermont « de lui trouver quelque *sujet* pour tirer d'embarras ses électeurs curiaux. » (1)

(1) Le tribunal criminel du Puy-de-Dôme, dans l'*Auvergne historique*, revue rédigée par une société de savants, à Riom.

# CHAPITRE VI

PRESTATION DU SERMENT EN HAUTE-AUVERGNE. — MGR DE RUFFO. — LE GRAND-SÉMINAIRE ET LE COLLÈGE DE SAINT-FLOUR. — PRESTATION DU SERMENT DANS LES DISTRICTS D'AURILLAC, DE MURAT ET DE MAURIAC.

Dans la Haute comme dans la Basse-Auvergne l'époque de la prestation du serment fut marquée par un accroissement d'effervescence générale, au milieu de laquelle on vit, à côté des plus regrettables faiblesses, le plus pur héroïsme.

A l'exemple de son éminent collègue de Clermont, Mgr de Ruffo, évêque de Saint-Flour, refusa le serment schismatique que lui demandait l'Assemblée nationale dont il était membre.

Ses co-députés de la Haute-Auvergne, Bigot de Vernière, curé de Saint-Flour, et Etienne Lolier, curé d'Aurillac, prêtèrent-ils le serment? Lolier le refusa. Quant au curé de Saint-Flour, je ne puis rien affirmer. S'il le prêta, il le rétracta, car pendant la Révolution il confessa la foi avec le même courage que M. Lolier, étant tous deux persécutés, poursuivis, incarcérés, portés sur la liste des émigrés et traités comme tels.

Exempt de la déportation, à cause de son grand âge, Joseph Bigot de Vernière fut enfermé dans les prisons d'Aurillac, où il souffrit cruellement pendant plus de vingt mois, du 30 octobre 1793 au 29 juin 1795. Incarcéré de nouveau, en 1797, accablé d'infirmités, il demanda l'autorisation d'être délivré de la dure captivité où il était ; on la lui accorda, mais à condition qu'il ne sortirait pas de sa maison ; épuisé, manquant d'air, le vénérable vieillard supplia l'autorité de vouloir bien lui permettre de faire quelques pas au dehors de sa chambre.

La municipalité de Saint-Flour « considérant que Bigot, dit Vernière, est incapable de troubler la paix publique, lui permet de prendre l'air six heures par jour » et lui assigne pour cela les promenades de la ville avec défense d'aller plus loin. (1)

Enfin Dieu retira de ce monde ce vénérable persécuté ; il avait quatre-vingt-deux ans. Nous ignorons l'époque précise de sa mort.

Son confrère d'Aurillac, l'abbé Lolier, ayant refusé le serment, fut remplacé, dans sa cure,

(1) Archives de Saint-Flour.

par Bousquet, ancien carme, lequel fut installé curé d'Aurillac, le 14 mai 1791.

Mis plusieurs fois en prison, dépouillé de son mobilier qu'on vendit à l'encan, Etienne Lolier prit un passeport pour sortir de France. Dans un inventaire des biens des émigrés, on lit en effet : « Etienne Lolier, ex-curé d'Aurillac, qui n'avait pas satisfait à la loi du serment, sortit du territoire de la République en vertu d'un passeport... » Il ne sortit pourtant pas, mais il se cacha, ce qui le fit considérer comme émigré. Après la tourmente, il reprit ses fonctions de curé d'Aurillac, mais il donna sa démission en 1803 et mourut en 1804, âgé de 79 ans.

Le 6 octobre 1790, le Directoire du département du Cantal avait écrit à Mgr de Ruffo pour l'inviter à se conformer aux dispositions de la Constitution civile du clergé. L'évêque avait répondu, le 19 du même mois, par une lettre où il disait les motifs qu'il avait de ne pas s'expliquer encore, et à cette lettre il joignit un imprimé intitulé : *Dire de l'évêque de Clermont à l'Assemblée nationale au nom des évêques députés à cette Assemblée.*

Le 4 novembre suivant, le Directoire du département fit part de cet incident à l'Assemblée départementale qui après avoir pris connaissance de la lettre de Monseigneur de Saint-Flour et du *Dire de l'évêque de Clermont* « arrêta que ces pièces seraient envoyées à l'Assemblée nationale et qu'on demanderait à cette dernière la conduite à tenir et les moyens à prendre pour parvenir, dans le Cantal, à l'exécution de la Constitution civile du clergé qui soulevait une répulsion générale. (1)

Nous ignorons la réponse de l'Assemblée nationale ; mais nous savons que rien ne put ébranler la constance de l'évêque de Saint-Flour.

Lorsque la nouvelle de son refus arriva dans la ville épiscopale, l'exaltation révolutionnaire fut à son comble. Cette exaltation d'un côté, l'exaspération des honnêtes gens de l'autre, produisirent des mouvements séditieux, que toute l'influence du maire, M. Spy, des Ternes, et toute la charité de l'évêque, avaient peine à contenir. Le mal empira au point que le maire débordé, menacé, donna sa démission.

Le 14 novembre 1790, le même jour que M. de Rochebrune, vicaire général, se démit de ses fonctions de conseiller municipal, Claude Borel, médecin, remplaça M. des Ternes (2)

Le moment de la prestation du serment arriva

(1) Procès-verbal de l'Assemblée du Cantal en 1790. p. 65.
(1) Victor des Ternes, né au château des Ternes, près de

pour le clergé de Saint-Flour. On prévoyait qu'à l'exemple de l'évêque, le clergé serait ferme dans la foi, et que, par suite du refus du serment, beaucoup de paroisses seraient sans pasteurs. On voulut parer à cet inconvénient.

Dans ce but, le 13 janvier 1791, un membre du Directoire du département, séant à Saint-Flour, proposa de surseoir à l'exécution du décret du 27 novembre 1790, qui veut que les évêques, les curés, les vicaires et autres ecclésiastiques, fonctionnaires publics, refusant le serment, soient poursuivis comme perturbateurs de l'ordre public, s'ils s'immiscent dans leurs fonctions; et la raison qu'il en donne, c'est que l'application de ce décret pourrait entraîner pour le département les suites les plus funestes. « On est assuré, ajoute-t-il, qu'aucun des vicaires-généraux, ne prêtera serment. Il est à présumer qu'un grand nombre de curés et de vicaires suivront cet exemple. Dès lors les paroisses, dont les

---

Saint-Flour, avait su s'attirer le respect et l'estime de ses concitoyens, par la sagesse de son administration. C'est à lui que Saint-Flour est redevable de ses belles promenades. Sous la restauration, il fut nommé juge au Tribunal civil de Saint-Flour, où il mourut en 1829. Son fils et son petit-fils étant morts, la mère de ce dernier, donna au diocèse de Saint-Flour le château des Ternes qui devint la Maison-Mère des frères de Saint-Viateur.

curés et les vicaires ne pourront plus faire leurs fonctions, seront privées de tout secours spirituel ; elles se verront dans l'impossibilité de s'en procurer, les vicaires-généraux, ayant cessé leurs fonctions, ne seront plus dans le cas de donner des pouvoirs, ce qui produira le plus mauvais effet. Il est de la plus instante nécessité de prendre des mesures pour qu'aucune paroisse ne soit privée de secours spirituels. »(1)

Il est arrêté qu'on écrira à l'Assemblée nationale pour exposer ces inconvénients et la supplier de décréter que les ecclésiastiques, qui refuseront le serment, pourront néanmoins continuer leurs fonctions jusqu'à ce qu'on trouvera des remplaçants. C'est ce qui eut lieu en effet dans un grand nombre de paroisses.

On prévoyait, que presque tous les ecclésiastiques en fonction refuseraient le serment. Le Directoire du département, le Directoire du District, la municipalité de Saint-Flour, faisaient maintes démarches, écrivaient de tout côté des lettres pressantes pour stimuler le zèle des administrations, pour engager les prêtres à accepter la Constitution civile du clergé. Nous avons déjà dit que le Directoire du Cantal écrivit à Mgr de Ruffo pour le solliciter de prêter ser-

(1) Cahier des délibérations du Directoire du département.

ment au sein de l'Assemblée nationale, et qu'il ne tint aucun compte de ce singulier avis.

Le Directoire écrivit aussi dans le même but aux lazaristes, directeurs du grand-séminaire. Or, à ce sujet, voici ce que nous lisons dans le registre des délibérations du Directoire du département, séant à Saint-Flour.

« Séance du 20 janvier 1791.... Il est fait lecture d'une lettre du supérieur et des directeurs du grand-séminaire de Saint-Flour portant qu'ils cesseront leurs fonctions le dimanche, 23 de ce mois, jour marqué, parce que leur conscience et leur religion ne leur permettent pas de prêter le serment exigé par les décrets. »

On délibère. La municipalité et les membres du District assistaient à la séance.

Il fut arrêté que l'enseignement serait continué aux séminaristes par les deux prêtres assermentés qui s'étaient offerts, le Père gardien et le Père syndic du couvent des Cordeliers de Saint-Flour, hommes « fortement attachés à la Constitution civile du clergé. »

Continuant leur délibération sur le même sujet, les membres de l'assemblée « ayant appris que les séminaristes, excités sans doute par des intimidations perfides, avaient dit vouloir se retirer tous.... arrêtent que plusieurs commissaires nommés par l'Assemblée iraient au Grand-séminaire pour tâcher d'y retenir les séminaristes et de leur faire à cet effet telles exhortations qu'ils croiraient nécessaires et les prévenir que d'autres directeurs viendraient remplacer ceux qui voulaient cesser leurs fonctions... Ils seraient chargés en même de dresser un inventaire du mobilier de la maison, des provisions qui s'y trouvent et apposer les scellés partout où ils jugeront à propos... »

Les commissaires se rendirent le lendemain matin, 21 janvier, au grand-séminaire et s'acquittèrent de leur mandat avec une rigoureuse exactitude, mais sans succès ; en leur présence tous les séminaristes prirent leurs malles et partirent.

Les commissaires rentrent à l'Assemblée et rendent compte de leur mission.

« L'Assemblée, sur l'observation que tous les séminaristes étaient sortis, ce matin, et étaient partis pour se rendre chez eux et, considérant que les habitants du département et surtout les parents des séminaristes pourraient s'alarmer de l'émigration de ces derniers, arrête le projet d'une circulaire aux municipalités pour les prévenir des démarches du Directoire auprès des séminaristes, de leur peu d'effet et les inviter en bons patriotes à moraliser les séminaristes émigrés... »

Voici cette circulaire, rédigée sans désemparer et envoyée à toutes les municipalités du Cantal :

« Saint-Flour, le 21 janvier 1791. Messieurs, occupés sans cesse de tout ce qui peut assurer le bonheur public, nous avons cru devoir, en ce moment, porter particulièrement nos regards sur l'éducation.

Instruits par les supérieurs, directeurs et professeurs du séminaire, qu'ils refusaient de prêter le serment, ordonné par les décrets, et qu'ils voulaient donner leur démission, nous nous sommes empressés de nous en procurer d'autres et nous avons été assez heureux pour trouver des ecclésiastiques assez habiles et éclairés, parfaitement attachées à la Constitution et animés du zèle le plus pur. Ces ecclésiastiques ne peuvent inspirer que les sentiments d'un vrai patriotisme en enseignant les principes de la religion.

Nous avons été de suite avec messieurs du Directoire et messieurs les officiers municipaux de cette ville au séminaire pour l'apprendre aux séminaristes ; nous avons vu avec douleur que, par des insinuations perfides, on leur avait déjà inspiré de faux principes, qu'on avait effacé de leur cœur cet attachement que tout Français doit avoir pour une Constitution qui doit assurer à jamais son bonheur et honorer les ministres de la religion. Trop fidèles à ces insinuations, ils nous ont déclaré qu'ils voulaient tous sortir et se retirer chez eux et ont même à l'instant emporté en notre présence leurs malles.

Nos conseils, nos exhortations ont été inutiles; ils avaient été séduits ; la coalition était formée et rien n'a pu la vaincre. Concourez avec nous, Messieurs, pour la détruire ; engagez les pères des séminaristes à leur donner tous les conseils que leur dictera leur tendresse et à leur inspirer tout l'attachement qu'ils ont eux-mêmes pour les lois et pour la Constitution.

C'est dans ce moment que vous devez veiller avec plus de soin sur tout ce qui peut intéresser cette Constitution. Les ennemis redoublent leurs efforts; redoublez donc de zèle et de vigilance ; persuadés qu'ils ne peuvent seuls la détruire, ils appellent le fanatisme à leur secours ; sous le fallacieux prétexte de la religion, ils cherchent à armer le frère contre le frère et à exciter la guerre civile. Méfiez-vous donc de toutes sortes d'insinuations ; instruisez vos concitoyens et découvrez-leur le piège qu'on veut leur tendre.

Le soin du collège nous occupe également ; nous avons d'habiles professeurs pour remplacer ceux qui donnèrent leur démission. Engagez donc les pères à donner ordre à leurs enfants de rester et à faire revenir ceux qui sont sortis du séminaire.

Les administrateurs composant le Directoire du département du Cantal : Vidalenc, vice-président ; Célarier, Teillard, Capelle, Destaing, Marmontel Henri, Benoid, Coffinhal, procureur-général-syndic et Bertrand, secrétaire général. » (1)

La prestation du serment par le clergé de Saint-Flour fut fixée au dimanche, 23 janvier. On craignit des émeutes et on s'arma de précautions. Voici en effet ce que nous lisons dans le cahier des délibérations de la municipalité :

« Aujourd'hui, 22 janvier 1791, le conseil général étant extraordinairement assemblé en la maison commune avec les officiers de l'état-major et des compagnies de la garde nationale, sur la convocation qui en a été faite par les officiers municipaux, M. le maire a dit que le jour de demain ayant été indiqué pour la prestation du serment des ecclésiastiques fonctionnaires publics, le directoire du département avait témoigné à la municipalité le désir de la présence

(1) Archives de Saint-Flour.

de la garde nationale à la cérémonie pour le maintien de l'ordre et de la tranquillité publique, que c'était pour en faire part à l'Assemblée qu'elle était convoquée et qu'il la priait, en conséquence, de délibérer et d'arrêter la forme et l'ordre à observer pour la garde nationale. Sur quoi la matière mise en délibération l'Assemblée a arrêté :

1° Que la garde nationale défèrerait dans toutes les circonstances aux vœux sages et prudents du Directoire du département, qu'en conséquence la garde nationale assistera demain à la cérémonie de la prestation du serment ;

2° Que tous les uniformes seulement seront avertis de prendre les armes pour s'assembler sur la place d'armes à neuf heures du matin ;

3° Qu'il sera envoyé un détachement dans l'intérieur de l'église paroissiale, suivant le nombre qui sera fixé par Messieurs de l'Etat-Major ;

4° Que le surplus de la garde nationale se tiendra au corps de garde pendant toute la cérémonie ;

5° Enfin qu'il sera placé deux sentinelles à chaque porte de la dite église paroissiale, l'assemblée laissant à la prudence et à la sagesse des officiers de l'Etat-Major le surplus de l'ordre de la troupe. »

Le lendemain, dimanche, neuf prêtres seulement prêtèrent serment, parmi lesquels trois professeurs du collège : Rolland, professeur de rhétorique, Fontanier, professeur de troisième et Bouigou, professeur de quatrième. M. Nozières, principal, rendit ses comptes et se retira avec ses collègues restés fidèles.

Le Directoire « ayant appris avec regret qu'il n'y avait que neuf prêtres qui avaient prêté serment, à l'issue de la messe de ce jour, » nomma trois autres professeurs, Roudil, Delmas et Broquin, et ordonna leur installation au collège. Mais les élèves ne voulurent pas les recevoir et refusèrent d'assister aux classes ; les professeurs demandèrent main forte.

Les membres du conseil municipal, dans la séance du 24 janvier, « témoignant leur crainte sur la tranquillité publique, à raison des bruits d'insurrection qui paraissent avoir été répandus par les écoliers sur le changement des professeurs... arrêtent qu'il sera établi une garde de dix hommes par jour, payés par qui de droit, pour maintenir l'ordre... »

Les élèves persistèrent dans leur mutinerie. Fontanier et quelques autres professeurs se présentent au Directoire, dans la séance du 25 janvier et disent « qu'ils avaient tout lieu de craindre d'être victimes d'une fermentation, que les ennemis du bien public ont machinée contre eux et inspirée aux élèves, auxquels on n'a pas craint de dire qu'ils ne devaient pas écouter les instructions des régents actuels, parce qu'ils sont devenus schismatiques, ayant prêté serment, et que le moyen de s'en délivrer était de les pendre aux arbres plantés dans la cour du collège.... »

Sur cette dénonciation, le Directoire arrête « qu'un détachement de cinquante hommes de la garde nationale sera établi provisoirement dans les bâtiments du collège pour protéger les professeurs » (1).

Dans le Cantal le schime trouva peu d'adhérents·

« Dans le District de Saint-Flour, de Murat, de Mauriac, la Constitution civile du clergé, dit Sciout, eut peu de succès, car le procureur de la commune de Saint-Flour, Richard, disait dans ses réquisitions, contre un mandement de M. de Ruffo, évêque du lieu et membre de l'Assemblée : « ... Le peuple a quitté les églises.... les serments ont été rétracté avec scandale. La jeunesse du séminaire et du collège a été séduite. » Il déclamait avec une extrême violence

(1) Registres du Directoire du Cantal.

contre les insermentés, à cause du mal qu'ils faisaient à la Constitution civile. Le 20 avril, les Jacobins de Saint-Flour écrivaient au comité ecclésiasque une lettre très indignée contre les réfractaires : « La législation, disaient-ils, n'était pas assez rigoureuse à leur égard ; il fallait que le serment fût désormais exigé de tous les prêtres sans distinction ».

« Les serments avec restriction étaient très nombreux, ajoute Sciout ; ils donnèrent lieu à de sérieuses difficultés.

Le District d'Aurillac et le département ne furent point d'accord sur la validité de plusieurs d'entre eux. Le 21 mars, le District prit un arrêté pour en référer à l'Assemblée nationale.

Les électeurs de son arrondissement au lieu de nommer aux cures vacantes, s'ajournèrent indéfiniment, en priant l'Assemblée de statuer sur la validité des serments restrictifs. Les Jacobins du lieu en furent très mécontents et dénoncèrent leur conduite au Conseil des recherches. » (1)

Les serments restrictifs, ceux qui excluaient tout ce qui touchait à la religion, et, que l'on pouvait par conséquent prêter en conscience, étaient généralement acceptés par les municipa-

(1) *Histoire de la Constitution civile du clergé*, tom. II, p. 62.

lités des campagnes, de sorte que les ecclésiastiques qui prêtaient un tel serment restaient à leur poste sans être inquiétés par les hautes administrations, qui les croyaient assermentés quoiqu'ils ne le fussent pas.

Dans le District d'Aurillac, le nombre des ecclésiastiques qui prêtèrent le serment pur et simple et embrassèrent résolument le schime, fut restreint, nous en avons des preuves.

Le règlement de la *Société des hommes de la nature* exclut les prêtres, et pourquoi? Le fameux Milhaud d'Arpajon, qui avait fait ce règlement, en donne la raison dans un discours : « J'ajoutai, dit-il, l'article qui exclut les prêtres de la Société parce que dans ce pays, peu ont prêté le serment civique sans restriction et beaucoup l'ont rétracté ou absolument refusé ».

Une autre preuve du petit nombre des assermentés ou jureurs, c'est l'adresse des *Amis de la Constitution* d'Aurillac, dont les membres demandent à grands cris le renvoi des professeurs du collège, que l'on tolère quoiqu'ils aient refusé le serment schismatique. Voici cette adresse en son entier :

« Adresse de la Société les *Amis de la Constitution*, séante à Aurillac, à MM. les maires et officiers municipaux de la même ville.

Messieurs, parvenus à ce moment où la Constitution de l'empire touche à sa fin, où nous commençons à jouir de ses bienfaits, des prêtres, des fonctionnaires publics, sans doute abusés par leurs tyrans mitrés, cherchent à semer parmi nous le trouble et le fanatisme. Une loi juste, une loi qui n'exige d'eux que ce que tout bon citoyen doit offrir à sa patrie, un témoignage de fidélité aux lois constitutionnelles de l'État, en est le seul prétexte. Ils refusent de prêter ce serment, que la nation entière qui les salarie et l'intérêt même de la religion leur prescrivent.

Des réfractaires à une loi, qui n'a tracé à tous les citoyens qu'une profession de foi purement civile, ne méritent plus notre confiance. Cette loi a dû même les priver des fonctions publiques, parce que, par leur refus d'y obéir, ils annoncent qu'ils sont incapables d'entretenir cette unité de principes sans laquelle il ne peut jamais exister d'union stricte entre toutes les parties du corps social. La société des *Amis de la Constitution*, justement pénétrée de ces vérités, vous a déjà témoigné qu'elle voyait avec douleur les places les plus importantes, celles d'instituteur de la jeunesse, entre les mains de quelques-uns de ces réfractaires à la loi, elle vous sollicite de les remplacer.

Un autre motif non moins puissant l'avait encore décidée à vous faire cette pétition. C'étaient les inconvénients qui devaient résulter du retard que vous mettriez à procéder à ce remplacement. Elle avait prévu le désordre que cette division occasionne dans le collège et que vous ne pouvez pas ignorer.

L'intérêt de nos concitoyens exige que ces désordres finissent. Vous seuls pouvez y remédier et vos fonctions vous en imposent le devoir. Ce remplacement, que la société sollicite et que tous les amis de la Constitution désirent, est d'ailleurs indispensable ; les réfractaires à la loi n'ont plus de droit à la confiance et au respect de leurs élèves, parce qu'ils ont été les premiers à leur donner l'exemple de la désobéissance. Elle est même instruite que, s'ils eussent prêté l'oreille à leurs insinuations perfides, Aurillac, comme quelques villes voisines, se verrait peut-être aujourd'hui privé de cette première classe de citoyens sur qui la patrie fonde ses plus grandes espérances.

Ce remplacement a eu lieu dans la plus grande partie des villes du royaume : Clermont, Saint-Flour, Rodez, toutes les villes voisines vont ou ont donné l'exemple. Pourquoi ne le suivriez-vous pas? Serait-ce la crainte de faire de mauvais choix qui vous empêcherait? Cette crainte ne peut pas exister. Les sujets ne vous manquent pas ; mais si vous ne les jugiez pas dignes d'occuper ces places, la Société qui désire le soutien et l'affermissement de la Constitution, vous offre des citoyens zélés pour le maintien du bon ordre, pris dans son sein, qui sacrifieront au bien public leur temps et leur travail et qui se chargeront provisoirement des places que vous n'aurez pu remplir.

N'hésitez donc pas, Messieurs, à remplacer des professeurs qui donnent tous les jours de nouvelles preuves d'incivisme, qui ne cessent de prêcher le fanatisme et qui paraissent avoir conçu une haine insurmontable contre ceux de leurs collègues qui n'ont pas résisté à la voix de la patrie.

Nous sommes très parfaitement, Messieurs, les membres composant la Société des *Amis de la Constitution*. Hérault, aîné, président. Courbaize, Vigier, Vanel, Sistrières, tous secrétaires. »

Par arrêt du 17 avril 1791, le conseil municipal d'Aurillac, sur l'injonction des *Amis de la Constitution*, dont nous venons de lire l'adresse, expulsa les professeurs insermentés et les remplaça par des patriotes déclarés ; mais quelques temps après « le collège était fermé, dit le baron Delzons, ses meubles saisis et vendus, son mobilier dispersé et la riche bibliothèque des jésuites servait à faire des cartouches. » (1)

Dans le District de Murat et dans celui de Mauriac, la majorité des ecclésiastiques fut fidèle malgré les efforts des révolutionnaires qui, pour forcer les prêtres à faire le serment, ourdissaient les trames les plus noires, les stratagèmes les plus ténébreux, les impostures les plus effrontées, faisant circuler des listes frauduleuses, où se trouvait le nom des prêtres les plus influents du pays, que l'on disait avoir prêté le serment tandis qu'ils l'avaient refusé. On arrêtait aux bureaux de poste les lettres épiscopales destinées à instruire le peuple et les pasteurs ; on fabriquait des brefs pontificaux qu'on assurait venir de Rome et qui, disait-on, approuvaient la Constitution civile du clergé. On allait jusqu'à soudoyer des scélérats, qu'on envoyait dans les églises pour menacer de mort les ecclésiastiques qui refusaient d'obéir à la loi impie.

Dans tout le Département, dans toute l'Auvergne, partout, les fourneaux démagogiques étaient chauffés à rouge. On faisait dire aux prêtres par

(1) *Statistique du Cantal*, — Aurillac.

cent bouches impudentes que leur intérêt, le bien de la religion demandaient qu'ils fissent serment. On voyait des parents, mus par une cupidité sordide, s'efforcer de porter les ecclésiastiques de leur famille à obéir à la néfaste loi, afin qu'ils pussent continuer à percevoir leur traitement. Les magistrats, les maires pesaient de tout le poids de leur autorité ou de leur amitié sur l'esprit et sur le cœur des prêtres pour les entraîner dans le schisme. Mais, malgré ces sataniques efforts, le nombre des prêtres qui résolument embrassèrent le schisme, fut relativement restreint en Auvergne.

Résumons. D'après le compte approximatif de Marcellin Boudet dans les *Tribunaux criminels d'Auvergne* et M. Morin dans l'*Auvergne chrétienne*, sur les onze cents prêtres du Puy-de-Dôme plus de huit cents refusèrent toute adhésion au schisme constitutionnel. Dans le Cantal sur environ sept ou huit cents prêtres cent cinquante ou deux cents au plus acceptèrent la religion nouvelle et encore beaucoup se rétractèrent-ils dans la suite. Le registre des institutions canoniques, données par l'évêque constitutionnel Thibault porte à cent trente-quatre les prêtres de son église ; ce nombre diminua par suite des rétractations et lorsque, en 1799, il fut question de donner un successeur à Thibault, il ne se trouva que quatre-vingt-sept prêtres formant le *Presbytère*.

# CHAPITRE VII

SCÈNES INTÉRESSANTES DANS LA PRESTATION DU SERMENT A CHAUDESAIGUES, A MAURIAC, A MENET, A BARRIAC.

Dans la prestation du serment, en Auvergne, il y eut parfois des scènes intéressantes. Voici ce que nous lisons dans le registre des délibérations du Directoire du Cantal :

« Séance du 3 mai 1791. Joseph Sauret, maire de Chaudesaigues, entre et dit: Le sieur Azémar, ci-devant curé de Chaudesaigues, fit au prône de la messe paroissiale, le jour indiqué pour la prestation du serment, un discours des plus incendiaires, dans lequel il discuta plusieurs articles de la Constitution civile du clergé, qu'il présenta comme n'étant qu'une suite des principes de Luther et de Calvin, disant que si ces décrets étaient mis à exécution, la religion catholique serait totalement détruite. Au moment de la prestation du serment, plusieurs personnes, postées dans les différents coins de l'église, poussèrent de hauts cris, qui excitèrent la plupart des fidèles, au point que plusieurs m'insultèrent gravement en me menaçant de m'ôter la vie si j'exigeais le serment du curé.

La municipalité ayant témoigné de la fermeté pour faire exécuter les décrets, la populace emporta le sieur curé, sans vouloir lui laisser prêter aucune espèce de serment, et le conduisit chez lui. Cependant peu de temps après le sieur curé revint dans l'église où il prêta le serment avec restriction. Depuis cette époque, le sieur curé n'a cessé de critiquer les décrets de l'Assemblée nationale et, durant la quinzaine de Pâques, il a tellement réussi à intimider les consciences faibles, en portant le peuple au fanatisme, que la municipalité a perdu toute confiance auprès du peuple et qu'il ne lui est plus possible de faire exécuter les décrets. Le sieur curé a fait de semblables discours dans les églises et chapelles de la ville, notamment dans celle des Pénitents, le Jeudi-Saint, au moment de faire la Cène, et le dimanche de *Quasimodo*, dans l'église paroissiale, où il affecta de faire ses adieux à ses paroissiens en leur disant de ne pas oublier la religion de leurs pères, laquelle était ouvertement attaquée par les décrets, où des Protestants et des Juifs avaient présidé, ajoutant que les dogmes de la foi n'étaient plus respectés, que la

Révolution qui s'opérait en France, avait tous les caractères de celle d'Angleterre, qu'il n'y avait que les mauvais sujets qui eussent prêté serment parmi les ecclésiatiques, que leur conduite était connue, qu'il ne fallait pas écouter les partisans de cette révolution et notamment les laïques qui n'en avaient aucune connaisssnce et qui en parlaient à tort et à travers.

Ce curé donne de pareils conseils en confession, refuse l'absolution et menace de la damnation éternelle ceux qui se prêteront au soutien de la Constitution et surtout à la réception du nouveau curé. Le dimanche de *Quasimodo*, accompagné d'un grand nombre de filles et de femmes de tout bord, il se transporta à l'église et emporta ornements et vases sacrés, disant que les prêtres assermentés n'avaient aucun caractère pour aucune cérémonie religieuse, qu'il valait mieux n'entendre aucune messe et ne jamais se confesser, ni faire baptiser les enfants que d'employer pour cela le ministère de pareils prêtres. »

Pierre Azémar, curé de sa ville natale, ne fut pas ébranlé par la dénonciation de Sauret, ce maire furibond, dont nous raconterons plus tard les tristes exploits. En 1803 le vaillant confesseur de la foi fut nommé curé de Notre-Dame à

Aurillac, où il mourut en 1826, âgé de 77 ans, plein de mérites et de pieuse renommée.

A l'exemple du curé de Chaudesaigues, les prêtres d'Auvergne, dans l'espoir de calmer l'animosité révolutionnaire, faisaient au pouvoir civil toutes les concessions possibles, allant jusqu'aux limites du bien et du mal et ce n'était que lorsque leur conscience se révoltait qu'ils s'arrêtaient et demeuraient inébranlables ; c'est dans cet esprit de conciliation que la plupart faisaient le serment avec restriction, c'est-à-dire qu'ils se soumettaient à tout, excepté à la loi schismatique.

Ce serment restrictif, accepté par certaines municipalités, rejeté par d'autres, mettait la plupart du temps les prêtres dans une fausse position et dans une extrême perplexité, attendu qu'ils étaient regardés comme assermentés par les uns et insermentés par les autres.

A Mauriac, Ronnat, curé de la ville, Foulhoux, principal du collège, Chevalier, Counil, Leymonie, professeurs, et Villebonnet, maître d'école, prêtèrent le serment avec restriction, le 27 mars 1791, un dimanche, à l'église, devant les autorités municipales et l'assemblée électorale.

Il paraît qu'on les regarda comme assermentés, car deux jours après, ils s'expliquèrent et envoyèrent la déclaration suivante aux membres de la municipalité.

« Messieurs, dans notre serment prêté devant vous avant-hier, dimanche, 27 courant, nous avons juré d'être toute notre vie fidèles à Jésus-Christ et à la loi ; mais nous devons vous déclarer, avec franchise, que par une conséquence nécessaire, nous avons entendu jurer, comme nous le jurons, d'être toute notre vie fidèles à son épouse l'Église catholique, apostolique et romaine, dans le sein de laquelle nous voulons vivre et mourir, sans nous permettre de nous écarter jamais de sa doctrine. La présente déclaration ainsi faite pour l'acquit de notre conscience et pour obvier à toute mauvaise interprétation qu'on aurait pu ou qu'on pourrait faire, laquelle déclaration nous déposons sur votre bureau... ce jourd'huy, 29 mars 1791. »

Cette déclaration jeta l'irritation parmi les patriotes et le trouble dans l'âme de ces prêtres, de sorte qu'à l'exception de M. Ronnat, ils rétractèrent cette déclaration en ces termes : « Nous soussignés, Gaspard Counil, Étienne Leymonie, Jean-Jacques Villebonnet, Chevalier, Foulhoux, en nous désistant du contenu en l'écrit ci-dessus, que nous prions l'assemblée électorale de regarder comme non avenu, persistons, dans le serment que nous avons prêté le 29 du courant, à Mauriac, l'assemblée électorale tenante, le 30 mars 1791. »

Cela veut-il dire qu'ils embrassèrent le schisme? Non. Ils rétractèrent cette rétractation et demeurèrent fidèles. Chevalier passa en Espagne, Foulhoux en Suisse, les autres se cachèrent dans le pays. Quant à M. Ronnat, son serment restrictif fut présenté au Directoire en même que le serment également restrictif de M. Brandely, curé de Menet. Le Directoire consulta sur ces deux serments l'assemblée départementale, qui tenait ses séances à Aurillac, en décembre 1791.

« L'Assemblée, après avoir entendu la lecture des serments prêtés par les sieurs Ronnat et Brandely, ouï le procureur-général-syndic, considérant que tout serment, qui n'est pas pur et simple, doit être réputé nul, que les explications ou restrictions, faites après coup par ces deux ecclésiastiques, ne sont pas des rétractations, mais plutôt un des premiers serments qu'ils avaient prêtés et nulles comme eux; arrête que les sieurs Ronnat et Brandely seront compris dans la liste des ci-devant curés non assermentés » (1).

(1) Procès-verbal des séances de l'Assemblée départ. de 1791, pag. 375.

« M. Ronnat, dit M. Teyssier dans une lettre que nous avons rapportée ailleurs, n'eut pas une petite violence à faire à son tempérament pour résister à l'empressement et à la rage de plusieurs de ses paroissiens et paroissiennes qui voulaient absolument lui arracher le serment, le jour qu'on lui donna un successeur. »

Ce vénérable confesseur de la foi s'exila en Espagne. De retour en France, après la Révolution, il reprit le gouvernement de sa paroisse qu'il garda jusqu'à sa mort, laquelle arriva en 1815. Il avait 81 ans.

Son confrère Jacques Philippe Brandely, originaire d'Auzolle, commune de Tremouille-Saint-Loup, dans le Puy-de-Dôme, avait d'abord prêté, serment mais il s'était rétracté.

La municipalité de Menet, instruite par la voix publique que M. Brandely, tenait des propos, qui rendaient suspects son civisme et sa soumission à la loi du serment, se transporta chez lui, le 21 mai 1791, pour lui demander s'il voulait se conformer à cette loi, lire en chaire la lettre de Thibault, et le reconnaître comme évêque. Brandely répondit qu'il avait juré fidélité et soumission à Mgr de Bonal, évêque de Clermont, qu'il n'en reconnaissait point d'autre, qu'il ne lirait pas en chaire la lettre de Thibault, et qu'il persistait fortement dans la rétractation de son premier serment. (1)

Le serment restrictif qu'il fit ne fut pas accepté, et, forcé de quitter sa paroisse, Brandely alla chercher un asile dans sa famille, au village d'Auzolle, où il fut pendant quelque temps laissé tranquille, grâce à un certificat de médecin qui constatait son état maladif et les infirmités de la vieillesse ; mais dénoncé et emprisonné à Clermont, il souffrit longtemps pour la foi de Jésus-Christ et mourut dans un âge avancé. (2)

A Barriac, dans le canton de Pleaux, autre scène intéressante. Au moment où commença la Révolution, cette paroisse était desservie par deux prêtres distingués, François Dolivier, curé, et Jean-François Dolivier, vicaire, oncle et neveu, originaires de Salers, mais dont la famille habitait la Sabie, maison bourgeoise, sise au village du Vaulmier alors commune de Saint-Vincent de Salers, aujourd'hui chef-lieu de paroisse.

En 1790, le curé François Dolivier fut élu membre du District de Mauriac ; mais quand vint la malheureuse époque de la prestation du serment, il donna sa démission par la lettre

(1) Archives départementales.
(2) Le *Tribunal criminel de Clermont,* dans l'*Auvergne Historique* pag. 184.

suivante qu'il écrivit aux électeurs du District, réunis à Mauriac ;

« Barriac le 29 mars 1791. Messieurs, lorsque la pluralité de vos suffrages me donna la place d'administrateur du District, mon patriotisme vous était connu. J'acceptai avec reconnaissance cet emploi honorable, et j'en ai rempli avec zèle les fonctions qui me furent confiées lors de l'assemblée du Conseil d'administration. Mon patriotisme est aujourd'hui le même. Je vois aujourd'hui du même œil qu'alors le bien du royaume se faire et s'établir tous les jours! Je désire pouvoir y concourir avec un zèle non moins vif ; je saisirai avec empressement toutes les occasions qui pourront me mettre à même d'en donner des preuves. Je suis néanmoins forcé par les circonstances où je me trouve à vous prier d'agréer ma démission d'un emploi dont je me tenais honoré, et que je ne quitterai qu'avec regret. Aujourd'hui, Messieurs, que vous êtes réunis, il vous sera facile de me remplacer par un sujet bien plus capable, mais qui (j'ose m'en flatter) ne l'emportera pas sur mon patriotisme par une plus grande ardeur pour le progrès du bien public. J'ai l'honneur d'être avec respect, Messieurs, votre très humble et très obéissant serviteur.

DOLIVIER.

Le curé de Barriac et son neveu refusèrent de prêter le serment pur et simple et, leur serment restrictif n'étant pas accepté, ils furent en butte aux tracasseries et aux violences des patriotes du pays; on les accusait de troubler la paix publique, uniquement parce qu'ils défendaient la foi de leur troupeau et continuaient vaillamment à administrer les sacrements.

La municipalité de Barriac s'émut de leur audace et denonça leur conduite au Directoire du District de Mauriac, auquel elle envoya l'intéressant rapport que voici :

« Procès-verbal de la municipalité de Barriac assistée de plusieurs notables, en l'absence de M. le Maire et du Procureur de la commune.

Aujourd'hui, 29 mai 1791, séant MM. Lescure, 1ᵉʳ officier municipal, Faure, second officier. MM. Rongier, Robert, Ribié, du bourg, Miallet, notables, s'étant retirés au lieu ordinaire des séances de la municipalité, ont unanimement arrêté qu'il serait dressé procès-verbal de la conduite irrégulière qu'a tenue ce jourd'hui le sieur Dolivier, curé de Barriac, de même que des propos incendiaires qu'il a tenus depuis qu'il est question du serment exigé des fonctionnaires publics.

La municipalité de Barriac, sans cesse occupée

à faire chérir et respecter à ses concitoyens la plus belle et la plus pure des Constitutions du globe, a gardé jusqu'au moment présent le silence sur l'inconduite de leur pasteur rebelle et réfractaire à la loi, dans la vue qu'il se dessillerait et qu'il se soumettrait.

Les représentations les plus sages sur les malheurs que ses conversations et propos incendiaires pourraient produire n'ont pu empêcher ce ministre orgueilleux et rebelle de suivre le torrent de ces vivants évêques refractaires.

Aujourd'hui au moment où le peuple était assemblé pour entendre la messe de paroisse, le sieur Lescure premier officier municipal est entré dans la sacristie et a prié le sieur Dolivier curé de faire la lecture de la lettre pastorale de M. l'évêque du département du Cantal, à quoi le curé a répondu d'un ton furieux et orgueilleux qu'il ne connaissait point cet homme, qu'on le couperait plutôt à morceaux avant qu'il en fît la lecture, et à l'instant il est sorti d'un ton de colère au milieu du chœur de l'église où il a dit à haute voix à tout le peuple assemblé qu'on dresse procès-verbal de son refus, qu'il ne reconnaissait que son pasteur légitime.

Le prône fini, les sieurs Lescure et Faure se

sont avancés vers le fond du chœur et ont prié un citoyen patriote d'en faire la lecture.

A l'instant le sieur curé s'est avancé et a dit que cette lecture ne pouvait se faire qu'après la messe, à quoi les officiers municipaux ont répondu qu'il aurait dû la faire au prône et, à son défaut, ils étaient obligés de la faire immédiatement après le prône.

Alors le sieur curé a répondu qu'il ne pouvait se dispenser de sortir, ce qu'il a exécuté, et par son exemple il a entraîné au moins la moitié des femmes qui assistaient à la messe, malgré les instances des officiers municipaux pour que le peuple profite des avantages qu'ils auraient pu retirer de cette lecture.

Pendant le temps où on faisait la lecture, le sieur Dolivier, son neveu, qui célébrait, lorsque on a lu que Notre Seigneur avait dit à ses apôtres : *Allez, enseignez toutes les nations, je vous envoie comme mon Père m'a envoyé*, a répondu de l'autel : « *Je vous ferai voir le contraire dans saint Paul et il n'est pas permis d'interrompre le saint sacrifice de la messe*; à quoi les officiers municipaux ont répondu qu'il devait se taire quand la vérité parlait, il a répondu qu'il lui était permis de faire ses observations ; on lui a imposé silence et on a continué la lecture.

La lecture finie le sieur curé est rentré escorté d'une troupe de femmes pour finir de chanter la messe, avec lesquelles il a fait la conférence pendant le temps de la lecture sur la place publique.

A son retour il s'est contenté de pousser des soupirs et des gémissements qui ont été entendus de tous les coins de l'église.

La municipalité croirait encore se rendre coupable du crime de lèse-nation, si elle ne rapportait ici certains faits incendiaires du sieur Dolivier depuis qu'il est instruit du décret qui les oblige au serment.

Le dimanche 23 janvier, le sieur Dolivier, la municipalité absente, affecta à la première messe de faire un catéchisme raisonné en forme de conférence, dans lequel il dit que l'évêque diocésain avait seul le pouvoir de faire les actes de juridiction concernant le gouvernement de son diocèse et de son séminaire, que ceux qui croiraient que des prêtres tels que ses vicaires et directeurs de son séminaire puissent délibérer avec lui, seraient hérétiques et que ce serait le presbytérianisme.

A l'instant le sieur curé fut interrompu par un citoyen patriote qui lui dit de prêcher l'évangile, de ne point susciter une guerre de religion et de ne pas mettre la terreur dans les consciences timides.

Le sieur curé répliqua d'un ton orgueilleux qu'il prêchait la véritable doctrine et qu'il prenait sa paroisse a témoin de cette vérité et il discontinua.

Le même jour, 23 janvier, sa servante, sous un voile affecté de dévotion, fit la quête dans le bourg afin de faire célébrer le lendemain la messe du Saint-Esprit pour conserver la religion qui était sur le point de se perdre.

Cette bonne bigote, inspirée sans doute d'un souffle de son maître, eut le secret de toucher si fortement le cœur de ces braves femmes qu'elle ramassa dans la soirée 30 sols, que le curé confisqua à son profit et célébra la messe le lendemain.

Le 2 février suivant, il fit sa déclaration au greffe de son intention de prêter le serment, le dimanche 6 dudit mois.

C'est dans cet intervalle et avant, qu'on a vu les fonctionnaires publics s'assembler chez lui en foule pour se concerter et qu'on l'a vu courir dans les différentes paroisses pour y tenir le synode avec ses confrères.

C'est depuis cette époque qu'il a fait retentir à qui a voulu l'entendre que les évêques qui remplaceraient les anciens seraient sans mission, de même que les curés qui seraient nommés par la nation, et qu'il vaudrait autant se confesser à un arbre qu'à eux.

Le dimanche, 6 février, après la messe, il monta à la chaire de vérité, d'où il dit qu'il aimait et chérissait la Constitution, mais comme il paraissait que *l'Assemblée nationale avait par ses décrets porté quelque atteinte à la religion, il ne pouvait prêter son serment, qu'avec restriction.*

Le dimanche, 6 mars, la municipalité le prie de vouloir se donner la peine de faire la lecture, à l'issue de la messe paroissiale, de la loi relative à l'instruction de l'Assemblée nationale sur la Constitution civile du clergé, donnée à Paris le 28 janvier dernier.

Le dit sieur curé a répondu que si on voulait qu'il en fît lecture, il ne pouvait se dispenser en conscience d'en faire l'explication à la paroisse, connaissant les erreurs.

En conséquence, lecture en fut faite par M. le maire.

On observa encore qu'il a rapporté à la municipalité que le sieur curé ne confessait personne qu'il ne leur fît promettre de n'entendre pas la messe des prêtres sermentés, qu'ils n'auraient le pouvoir de confesser ni de s'immiscer dans aucune fonction publique.

Délibéré en conseil municipal et notables pour qu'une expédition de la présente délibération soit envoyée à M. le procureur syndic du Directoire du District de Mauriac, une autre au procureur général du département du Cantal et l'autre à M. Thibault, évêque du département du Cantal, pour en être ordonné ce qu'il appartiendra, le dit jour et an que dessus.

Lescure, Faure, Rongier, Robert, Mialet, Lasalle citoyen, Basset citoyen, Puiraymond citoyen, Rongier citoyen, Corne, Tibie, Chaumeil secrétaire greffier. (1)

Ce *factum* de la municipalité de Barriac fut lu au District de Mauriac. Un membre du Directoire de ce District, dans la séance du 3 juin 1791, résuma cette lecture par ces mots :

« Un prêtre réfractaire souffle le fanatisme, égare les âmes faibles et, sous le voile spécieux de la religion, provoque le désordre. Telle est l'analyse du fait énoncé dans le procès-verbal de la municipalité de Barriac. Elle suffit, Messieurs, pour caractériser l'attentat le plus formel contre la Constitution et appeler toute la sévérité de la

---

(1) Archives départementales.

loi par la dénonciation de ce prêtre au tribunal du District. Je requiers que le sieur Olivier soit dénoncé à l'accusateur public comme criminel de lèse-nation (1).

Ainsi poursuivis, poussés à bout, l'oncle et le neveu passèrent en Angleterre et y moururent loin de leur patrie, après avoir appris que leurs biens d'Auvergne avaient été confisqués par la Nation.

(1) Archives d'Aurillac.

# CHAPITRE VIII

LA NOUVELLE ÉGLISE. — LETTRE DE MGR DE RUFFO AUX ÉLECTEURS. — ELECTION DE THIBAULT AU SIÈGE ÉPISCOPAL DU CANTAL. — ORDONNANCE DU LÉGITIME ÉVÊQUE DE SAINT-FLOUR AU SUJET DE CETTE ÉLECTION.

La Constitution civile du clergé ne se bornait pas à détruire l'Eglise catholique en France, elle en établissait une nouvelle appelée l'Eglise Constitutionelle, complètement soumise au pouvoir civil.

Pour l'implanter, il fallut remplacer le clergé catholique par un clergé nouveau, c'est-à-dire par des hommes assez lâches pour se séparer du bercail de Jésus-Christ et accepter tout ce que voudrait le pouvoir humain.

On chassa donc les curés, les évêques et on les remplaça par des hommes nouveaux.

A Saint-Flour, Mgr de Ruffo vit son siège usurpé par un intrus. D'après la Constitution civile du clergé, les évêques devaient être nommés par les électeurs.

L'assemblée électorale du Cantal fut convoquée pour le 13 mars 1791 à l'effet d'élire un successseur à Mgr de Ruffo, qui, ayant refusé le serment schismatique, ne devait plus, de par la loi, être considéré comme évêque de Saint-Flour.

A cette nouvelle, ce saint Pontife écrivit de Paris, le 8 mars 1791, une lettre aux électeurs pour les éclairer sur l'acte criminel qu'ils allaient commettre.

Il leur prouve : 1° qu'ils n'ont pas le droit d'élire un évêque, que l'Église seule a ce droit ; 2° que, quand même ils auraient ce droit, ils ne peuvent pas en user dans le cas présent, attendu que le siège de Saint-Flour n'est pas vacant ; 3° que si l'élection était consommée, elle serait la source et l'origine des maux les plus affligeants. Cette lettre produisit un effet salutaire sur un grand nombre d'électeurs. (1)

Sur 396 électeurs, cent soixante quinze seulement se présentèrent à Saint-Flour pour l'élection de l'évêque schismatique. L'assemblée électorale dura trois jours, le 13, le 14 et le 15 mars 1791. Les séances furent tumultueuses et dans la ville l'agitation était à son comble. Les électeurs venus des Districts étaient vus de mauvais œil par le peu-

(1) Voy. cette lettre aux Pièces justificatives n° 3.

ple, toujours plein de vénération et de dévouement pour Mgr de Ruffo, dont la générosité avait été grande pendant la famine et le mauvais hiver.

Plusieurs électeurs de Saint-Flour refusèrent de prendre part au vote, entre autres Spy des Ternes, ancien maire, Vidalenc, ancien procureur du roi, vice-président du Directoire du département, Coutel, juge au tribunal du District de Saint-Flour, Chazelèdes, commissaire du roi près le même tribunal, Borel, maire de la ville qui le lendemain, 16 mars, donna sa démission. On remarqua encore parmi les opposants Dantils, Vaissière, de la Roussière et plusieurs autres. (1)

Pour avoir refusé de participer à la sacrilège élection de l'intrus, les fonctionnaires sus nommés, furent dénoncés à l'Assemblée nationale, et on ne cessa de leur susciter mille tracasseries, « parce qu'ils n'avaient pas voulu, dit le procès-verbal, assister à l'assemblée électorale pour la nomination de l'évêque et parce qu'ils s'étaient promenés sur la place publique en narguant les électeurs venus de loin ». (2)

(1) Archives de Saint-Flour — Sciout t. II. p. 473 — Boudet p. 168.
(2) Archives de Saint-Flour.

Le 1ᵉʳ juin suivant, le Directoire du Cantal demanda à l'Assemblée nationale que ces citoyens fussent privés de leurs fonctions et de leurs droits politiques, « parce qu'ils avaient montré l'incivisme le plus répréhensible et une haine découverte contre la loi. »

Par l'organe de son Comité des rapports, l'Assemblée nationale décida qu'une peine si grave ne serait pas infligée pour une simple absence du scrutin, mais que le tribunal serait blâmé de l'attitude de quelques-uns de ses membres. (3)

Revenons à l'élection. Le premier tour de scrutin ne donna aucun résultat ; au second tour, sur 175 électeurs 114 donnèrent leurs voix à un étranger, Alexandre-Marie Thibault, curé de Souppe (Seine-et-Oise) député du Baillage de Nemours aux États généraux,

Cette élection fut de suite annoncée au peuple par une salve d'artillerie, par les tambours de la garde nationale et par les cloches de la ville. Un courrier se rendit immédiatement à Clermont pour y mettre à la poste deux lettres, l'une adressée à Thibault, l'élu, l'autre au Président de l'Assemblée nationale.

(3) Sciout t. ii. p. 473.

Les diverses administrations de la ville se rendirent à la cathédrale où le Président de l'Assemblée électorale publia le nom de l'élu et où fut chantée une messe suivie du *Te Deum*.

Le 2 avril, Thibault reçut sa prétendue institution canonique de son métropolitain, Adrien Lamourette, évêque constitutionnel de Rhône-et-Loire, dont le siège était à Lyon, et il fut sacré, le 5 avril, par le même Lamourette, assisté de Jean-François Périer, évêque constitutionnel du Puy-de-Dôme et de Jacques-Guillaume Prudhomme évêque constitutionnel de la Sarthe, dont le siège était au Mans.

Ainsi créé, par la grâce des électeurs républicains, évêque de la nouvelle religion dans le Cantal, Thibault, pour témoigner de son union au Saint-Siège, écrivit au Pape la lettre suivante :

« Très Saint Père, c'est un devoir pour moi de ne pas laisser ignorer plus longtemps à Votre Sainteté que j'ai été élevé au siège épiscopal du département du Cantal par le libre suffrage du peuple, et que j'ai été sacré suivant les anciens rites de la primitive Église, ce siège étant vacant par la résistance du prélat, que je remplace, aux lois décrétées par l'Assemblée nationale, acceptées ou librement sanctionnées par Louis XVI, roi des Français.

C'est pourquoi, Très Saint Père, je vous écris comme chef visible de l'Église universelle avec le désir ardent d'entretenir avec Votre Sainteté la communion, l'amitié et la fraternité. Elevez donc vos mains pures vers le Ciel, pour que l'Eternel dispensateur des grâces, ouvrant les trésors de sa miséricorde, répande sur moi sa bénédiction, afin que, fortifié de ses secours dans ces temps difficiles, je puisse dessiller les yeux et éclairer l'esprit de ceux qui, par la dureté de leur cœur, leur ignorance ou les fausses insinuations des méchants, se sont déclarés les ennemis de notre sainte religion.

Recevez, je vous prie, cette lettre en témoignage du respect dont je suis pénétré pour Votre Sainteté.

Anne-Alexandre-Marie Thibault, évêque du département du Cantal. »

A la nouvelle de l'élection de l'évêque constitutionnel, Mgr de Ruffo publie une ordonnance en date du 12 avril, par laquelle il défend à l'intrus, sous les peines prononcées par les saints canons, de prendre possession de son siège et à ses diocésains de le reconnaître comme évêque.

Voici en son entier cet important et instructif document.

« Ordonnance de M. l'évêque de Saint-Flour, au sujet de l'élection faite, le 13 mars dernier, de M. Thibault, curé de Souppe, par MM. les électeurs du département du Cantal, en qualité d'évêque du département, et des entreprises faites ou à faire sur sa juridiction par l'ecclésiasque, nommé évêque pour le département de Haute-Loire, dans la portion de son diocèse qui se trouve comprise, par la nouvelle division du royaume, dans ce département (1).

Claude-Marie Ruffo, par la grâce de Dieu et l'autorité du Saint-Siège apostolique, évêque de Saint-Flour, etc.

Il va donc se consommer ce schisme qui s'annonce depuis si longtemps et nous allons voir dans notre Église l'abomination de la désolation.

Animé d'un zèle, toujours invincible, quand la foi le commande et quand la charité l'enflamme, nous ne négligerons rien pour soustraire les fidèles, confiés à notre sollicitude, à la ruine que

(1) Le district de Brioude faisait partie du diocèse de Saint-Flour ; il fut enclavé dans le département de la Haute-Loire et par conséquent Delcher, curé de Brioude, ayant été élu évêque constitutionnel de ce département, prétendait avoir juridiction sur ce district. C'est contre cette prétention que proteste Mgr de Ruffo.

leur préparent les attentats les plus criminels, dans l'ordre de la religion.

Un prêtre, choisi par des électeurs, désavoué par l'Église, et par conséquent sans titre canonique ; ordonné évêque contre toutes les lois ecclésiastique, et par conséquent flétri par les censures ; sans mission légitime, et par conséquent sans pouvoir, va s'emparer de notre église, envahir notre siège et s'asseoir, en qualité de premier pasteur, sur la chaire de tous les pontifes qui y ont perpétué jusqu'à nous la succession apostolique.

En même temps qu'il se dispose ainsi à usurper notre juridiction sur la plus grande partie de notre diocèse, un autre s'est déjà arrogé l'autorité spirituelle et l'exercice des fonctions épiscopales dans diverses portions de cet héritage dont le Fils de Dieu nous a exclusivement confié la culture, ou se prépare à le faire sans délai ; tous assez téméraires pour oser parler, agir et gouverner au nom de Jésus-Christ qui ne les a pas envoyés, tous environnés de la force publique, encouragés par l'espoir d'un succès qui a été ménagé par les plus puissants moyens de séduction, ils vont élever autel contre autel, semer l'erreur, tromper les âmes simples et substituer à l'Église sainte, qui a été acquise au prix du sang de Jésus-Christ, une Église dont il ne sera pas la pierre angulaire, dont le fondement, au lieu d'être celui des apôtres et des prophètes, sera celui de la puissance civile.

Voilà quel est le retour, promis et si célèbre, à la pureté des temps apostoliques ; voilà où nous conduit, avec une incroyable célérité, l'entreprise de la puissance temporelle sur l'autorité spirituelle ; voilà l'abîme que les efforts réunis des premiers pasteurs de la France et du très grand nombre de leurs respectables coopérateurs n'ont pu empêcher de creuser ; voilà ce que la voix du chef de l'Église paraît encore trop impuissante pour arrêter ; voilà enfin, puisqu'il faut le dire, les fruits amers de la philosophie du siècle.

Malheur à nous si, oubliant les devoirs que nous impose notre auguste caractère d'envoyé, de ministre, d'ambassadeur de Jésus-Christ, nous gardions un timide et lâche silence, à la vue de ces horribles calamités ! Non, avec la grâce de Dieu, nous ne dégénérerons pas ainsi de la sainteté de notre vocation, et à travers toutes les épreuves, toutes les contradictions, tous les sacrifices, toutes les persécutions même, nous espérons nous montrer digne successeur des apôtres. C'est à ce titre et revêtu du bouclier de la foi, qu'après avoir invoqué les lumières de l'Esprit-Saint, le secours de la Très Sainte Vierge, des saints anges qui sont les protecteurs et gardiens de notre Église, et de tous les saints pontifes qui l'ont illustrée, nous avons déclaré et déclarons ce qui suit :

1° Il est de foi qu'il y a, dans les ministres de l'Eglise, deux pouvoirs très distincts ; le pouvoir de l'ordre qui est conféré par l'ordination et le pouvoir de juridiction qui émane de Jésus-Christ, et qui est transmis par l'Eglise ; qu'il ne suffit pas, pour qu'un évêque ou un prêtre puisse se dire légitime pasteur, qu'il ait été ordonné ; qu'il faut encore qu'il soit investi de la mission de l'Église ; et que cette mission ne peut être validement conférée que par les supérieurs qui en ont le droit et l'autorité *(Conc. Trid. sess. 23, cap. 7).*

2° C'est une vérité qui appartient à la foi, que la puissance séculière n'a ni le droit, ni le pouvoir d'instituer les pasteurs et par conséquent de les destituer *(Conc. Trid. sess. 23, cap. 4).*

3° La nomination, faite par MM. les électeurs du département du Cantal, de M. Thibault, curé de Souppe, en qualité d'évêque dudit département, est radicalement nulle et de nul effet ; et nous sommes toujours le seul et véritable et légitime évêque du diocèse de Saint-Flour, que nous continuerons de gouverner avec toute autorité épiscopale, jusqu'à ce que la mort, ou un jugement canonique, ou notre démission, acceptée par l'Église, nous ait séparé du troupeau qui nous a été confié.

4° En conséquence, et en vertu de la puissance de Jésus-Christ, dont nous sommes revêtu, et dont il nous demandera un compte rigoureux, lorsque nous comparaîtrons à son tribunal, nous défendons à M. Thibault, sous les peines prononcées par les saints canons contre les intrus et les schismatiques, de prendre possession de notre siège, de s'immiscer en aucune manière dans le gouvernement de notre diocèse et d'y exercer aucune fonction épiscopale ; déclarant que toutes les fonctions qu'il y exercerait seraient autant de crimes et de profanations ; que tous les actes de juridiction qu'il ferait seraient radicalement nuls et de nul effet; que les prêtres qui recevraient de lui l'institution seraient pareillement des intrus et de faux pasteurs ; que les absolutions, données en vertu de cette institution, seraient nulles ainsi que tout autre acte de juridiction, comme aussi les absolutions données en vertu de l'approbation de mondit sieur Thibault, excepté à l'article de la mort, auquel cas, au défaut de tout autre prêtre, l'Église, toujours attentive au salut de ses enfants, accorde la juridiction.

5° Défendons à tous les curés, à tous les vicaires, à tous les prêtres séculiers ou réguliers, et à tous les ministres de la religion, dans toute l'étendue de notre diocèse, et sous les mêmes peines que dans l'article ci-dessus, de reconnaître ledit sieur Thibault pour leur évêque, et de lui obéir en cette qualité.

6° Nous défendons également à tous les fidèles de notre diocèse de reconnaître mondit sieur Thibault pour leur évêque, et de lui obéir en cette qualité, de recevoir de lui les sacrements, d'assister à la messe ou autre office qu'il célèbrerait; leur prescrivons de se comporter à son égard de la manière que l'Église le prescrit à l'égard des intrus et des schismatiques, avec lesquels on ne peut, sans se rendre complice de leur intrusion et de leur schisme, communiquer dans l'exercice de leurs fonctions.

7° Nous défendons, sous les mêmes peines que celles ci-dessus, art. 4 et 5, à tout prêtre de recevoir de mondit Thibault la qualité de vicaire de l'évêque du département du Cantal dans l'église de Saint-Flour, et d'exercer, en cette qualité, aucune fonction, déclarant nuls et de nul effet tous actes de juridiction qu'il exercerait.

8° Attendu que les destitutions de plusieurs curés de notre diocèse, prononcées ou à prononcer par la puissance temporelle seule, sous le prétexte de défaut de prestation de serment, sont ou seront radicalement nulles, ainsi que les nominations d'autres prêtres, pour remplacer lesdits curés ; nous défendons, sous les peines portées par les saints canons contre les intrus et les schismatiquss, à tous prêtres de prendre la qualité de curés desdites paroisses, en vertu desdites nominations et de s'insinuer dans le gouvernement spirituel desdites paroisses ; déclarant que tous les actes de juridiction qu'ils feraient seraient nuls, et que toutes fonctions du saint ministère qu'ils rempliraient, seraient autant de profanations et de sacrilèges. Défendons à tous les fidèles desdites paroisses de les reconnaître pour pasteurs, de recevoir d'eux les sacrements, et leur prescrivons de se comporter avec eux ainsi que l'Église le prescrit à l'égard des intrus et des schismatiques, avec lesquels on ne peut, sans se rendre complice de leur intrusion et de leur schisme, communiquer dans l'exercice de leurs fonctions, soit par l'assistance à la messe et à l'office divin, ou de tout autre manière que ce soit.

9° Nous faisons à M. Delcher, curé de Saint-Pierre de Brioude, nommé évêque du département de la Haute-Loire, par MM. les électeurs du département, ou à tous autres qui sur son refus seraient élus en la même qualité, les mêmes défenses, sous les mêmes peines et avec les mêmes déclarations que celles que nous faisons à M. Thibault, par l'article 4 de la présente ordonnance; et ce respectivement aux parties des dits départements qui sont de notre diocèse. Comme aussi nous faisons aux curés, vicaires, prêtres et autres ministres de la religion, et aux fidèles de notre diocèse, compris dans lesdits départements, les mêmes défenses, sous les mêmes peines et avec les mêmes déclarations, à l'égard desdits évêques ou de tous autres qui seraient élus évêques desdits départements que celles portées par les articles 5, 6 et 7 de notre présente ordonnance à l'égard de mondit Thibault.

10° S'il se trouve quelques portions de notre diocèse comprises dans d'autres départements que celles énoncées dans les précédents articles, nous faisons les mêmes défenses aux évêques de ces départements et aux fidèles sur lesquels ils voudraient entreprendre d'exercer une autorité spirituelle.

Et attendu que les circonstances où nous nous trouvons ne nous permettent pas d'employer, pour la signification et publication de la présente ordonnance, les formalités ordinaires, nous déclarons que la conscience de chacun de ceux qu'elle concerne sera liée pour son exécution, du moment que son authenticité leur sera suffisamment connue, et que nous l'adressons directement à chacun des évêques y dénommés, afin qu'ils ne puissent prétendre cause d'ignorance.

Donné à Paris, où nous sommes retenu par notre députation à l'Assemblée nationale, le 12 avril mil sept cent quatre-vingt-onze.

† C. M., évêque de Saint-Flour. »

# CHAPITRE IX

LETTRE PASTORALE DE MGR DE RUFFO — INSTRUCTION DE MGR DE LA LUZERNE, ADOPTÉE PAR L'ÉVÊQUE DE SAINT-FLOUR — L'ABBÉ TEISSIER, PROPAGATEUR DES MANDEMENTS ÉPISCOPAUX — CE QUE DEVINT MGR DE RUFFO.

Outre l'Ordonnance que l'on vient de lire dans le chapitre précédent, Mgr de Ruffo envoya le même jour, 12 avril, à ses diocésains, une lettre pastorale pour les prémunir contre le schisme, les affermir dans la foi, les engager à fuir les faux pasteurs, à les regarder comme des intrus et des schismatiques, dont le ministère ne peut être qu'un ministère de malédiction et de mort.

« Soyez fermes dans la foi, ajoute-t-il, et fidèles aux pasteurs légitimes, auxquels Jésus-Christ a dit : *Celui qui vous écoute m'écoute et celui qui vous méprise me méprise.* Du reste, cherchez à ramener par la douce persuasion et par le poids des plus grands exemples de modération ceux qui auraient le malheur de s'égarer et n'oubliez jamais que le Seigneur déteste tous ceux qui sèment la discorde parmi les frères. » (1)

(1) Voy. cette lettre pastorale aux *Pièces justificatives*, n° 4

Quelques jours auparavant, le 5 avril, Mgr de Ruffo avait envoyé une Instruction d'un intérêt capital à ses prêtres sur la conduite à tenir dans les temps désastreux où ils se trouvaient. Cette Instruction avait été écrite par l'évêque de Langres et Monseigneur de Saint-Flour l'avait adoptée pour son diocèse par la déclaration suivante :

« Claude-Marie Ruffo de Laric, par la grâce de Dieu et l'autorité du Saint-Siège apostolique évêque de Saint-Flour, déclarons que nous avons adopté et que nous adoptons la présente Instruction, donnée par M. de la Luzerne, évêque de Langres, en date du 15 mars de la présente année, et annexée à notre présente déclaration, que nous en rendons toutes les dispositions communes à notre diocèse et que nous la donnons pour règle à nos fidèles coopérateurs et à tous les prêtres fidèles de notre diocèse.

Donné a Paris, ce 5 avril 1791. L'évêque de Saint-Flour.

Cette Instruction avait été également adoptée par Mgr de Bonal et envoyée à ses prêtres fidèles Elle contient les notions les plus claires sur les pouvoirs des prêtres fidèles, sur les rapports qu'ils doivent avoir avec leurs paroissiens, leurs confrères, leur évêque, avec les ecclésiastiques assermentés, sur la manière d'administrer les sacrements, sur la célébration de la messe, sur les sépultures, etc.

Cette Instruction et l'Ordonnance de Mgr de Ruffo furent répandues partout. M. l'abbé Teissier, professeur de philosophie au collège de Mauriac, s'en fit le propagateur zélé, mais aussi fut-il en butte à la plus violente persécution.

Antoine Teissier, naquit à Lachaud, paroisse de Loupiac, canton de Pleaux, District de Mauriac, le 11 novembre 1740. Licencié ès arts de la Faculté de Toulouse, ce saint prêtre fut nommé professeur de philosophie au collège de Mauriac. Il a laissé dans notre ville des souvenirs encore ineffacés. Outre la philosophie, qu'il professait avec distinction, il avait encore la police de l'établissement, qui comptait plus de deux cents élèves, et il la faisait avec le dévouement d'un saint, ce qui lui valut le titre et les émoluments de *professeur émérite*.

Ardent adversaire des principes destructeurs de la Révolution, il refusa le serment schismatique et protesta de toutes ses forces contre les attaques de l'impiété toute-puissante. Aussi les vampires de la démagogie le poursuivirent-ils d'une haine implacable.

L'évêque de Clermont, obligé de s'exiler,

donna à certains prêtres de son diocèse les pouvoirs les plus étendus, soit pour la direction des âmes, soit pour la conduite du clergé. L'abbé Teissier fut de ce nombre. *Le Cantaliste*, journal démagogique d'Aurillac, dans son numéro du 11 mars 1791, annonça cette nouvelle ainsi qu'il suit :

« On nous écrit de Salers que Dupont, ex-grand-vicaire de M. Bonal, ci-devant évêque de Clermont, vient de déléguer de prétendus pouvoirs au tartuffe Teissier, ex-professeur de philosophie à Mauriac, au fanatique Périer, curé du Vigean, à l'imbécile d'Olivier, curé de Barriac, et à l'idiot Bardet, curé de Saint-Paul, avec pouvoir d'excommunier, d'anathématiser, de fanatiser, etc., etc. Nous ne doutons point que l'accusateur public ne sévisse contre ces prêtres scélérats et discords. »

On ne peut pas pas faire un plus bel éloge de ces saints prêtres.

M. Teissier, en qualité d'agent du pouvoir ecclésiastique, était chargé de distribuer aux prêtres les ordonnances, les brefs, les lettres qui lui étaient envoyés de Clermont ou du lieu d'exil de l'évêque.

Le 23 avril 1791, quelques jours après l'arrivée des brefs du pape qui condamnaient la Constitution civile du clergé, il écrivit la lettre suivante qui ne porte ni adresse ni signature et qui devait être portée à sa destination par l'abbé Delbrut, de Tauves.

« Le 23 avril 1791. Monsieur, j'avais oublié de vous accuser réception du bref du pape à M. l'archevêque de Sens et d'une autre pièce y jointe que vous avez eu la bonté de me faire passer, il y a quelque temps. M. Baile, m'a également remis, avec une exactitude scrupuleuse, votre commission. Si je me suis un peu écarté, Monsieur, de la destination que vous me prescriviez, ce n'est que parce que j'ai présumé mieux seconder vos vues par quelques changements que j'ai cru nécessaires ou convenables.

Je n'ai rien adressé à M. le curé de Saint-Bonnet, par la raison qu'il a prêté le serment, qu'il a blâmé le curé de Laval, à trois lieues d'ici, dans le Limousin, de n'avoir pas fait comme lui, quoique son propre frère, qui montre le plus grand zèle contre le serment, et parce que le curé de Saint-Bonnet, infatué de ses principes, a indigné bien des personnes, en produisant devant plusieurs personnes une lettre qu'il avait reçue de Mgr de Bonal, dans le temps. Veuillez cependant, Monsieur, ne faire usage de cette observation qu'avec beaucoup de discrétion.

On m'a fait un crime ici de ce que je vous avais marqué que M. Paty avait fait le serment. Nous espérons que les curés de Saint-Bonnet et de Salers se rétracteront (1). M. Mathieu, supérieur de la mission de Salers, à qui j'ai fait passer une Instruction et une Ordonnance, quoiqu'il ne fut pas compris dans votre liste, pourra peut-être s'en servir utilement auprès de ces messieurs et de quelques autres.

Vous me recommandez de ne pas envoyer d'Instructions ni d'Ordonnances aux curés et ecclésiastiques déterminés à reconnaître les évêques constitutionnels. Il me paraît que ces pièces pourraient faire beaucoup de bien chez la plupart de ceux qui ont fait le serment ; aussi en ai-je gardé quelques-unes pour les faire voltiger. Je ne saurais me persuader qu'il y en ait beaucoup qui aient le front de reconnaître l'intrus de Saint-Flour, surtout quand ils auront vu l'Ordonnance et l'Instruction. Nous avons déjà tenté ces moyens auprès de quelques jureurs et nous nous proposons d'en faire de même auprès de bien d'autres.

Je n'ai pu refuser une Instruction à M. le curé

(1) M. Paty, curé d'Ally, persista dans son erreur. Mais M. Ternat, curé de Saint-Bonnet et M. Rolland de Théran, curé de Salers, se rétractèrent bientôt courageusement.

de Mauriac qui n'a jamais eu l'intention de prêter le serment. Il est même très décidé à n'en prêter jamais à l'avenir, quelque offre qu'on pût lui faire de bénéfice. Il n'eut pas une petite violence à faire à son tempérament pour résister à l'empressement et à la rage de plusieurs de ses paroissiens et paroissiennes qui voulaient absolument lui arracher ce serment, le jour qu'on lui donna un successeur.

M. Delbrut, de Tauves, ci-devant vicaire de Barriac, qui avait fait ici le serment pour occuper ma place, après trois jours de classe, a rétracté son serment et donné sa démission. J'espère que cette rétractation, fruit d'une conversation ou d'une conférence qu'il eut avec les messieurs Fouilhoux (1), fera plus de bien que s'il n'avait point du tout fait le serment. Sa piété et sa religion s'étaient laissé tromper. Il va droit et il n'hésita pas un moment à prendre son parti quand on lui eut dessillé les yeux. Comme la nouvelle de l'acceptation de ma classe de sa part aurait pu parvenir à Monseigneur

---

(1) Ces messieurs Fouilhoux étaient au nombre de quatre, tous frères et prêtres, natif d'Auzers : l'un était principal du collège de Mauriac, un autre professeur de rhétorique, le troisième dominicain et le quatrième vicaire. Ils refusèrent le serment et sortirent de France.

l'évêque et que je n'ai point l'occasion de lui écrire, je vous prie de ne pas lui laisser ignorer ce sujet d'édification qui pourrait produire d'heureux effets dans ce quartier-ci.

J'avais prié M. Notre P. de faire une liste des jureurs et des non-jureurs du voisinage ; mais elle n'était pas entièrement prête au moment du départ de M. Delbrut, qui se charge de vous faire passer la présente. Si je n'ai fait passer que des Instructions à Loupiac, c'est parce que les quatre curés voisins sont à portée de se les communiquer. D'ailleurs ceux de Saint-Christophe et de Saint-Martin-Cantalès ont fait le serment.

On a surpris et arrêté ici, moyennant 1 livre et 4 sols remis au messager, les Ordonnances adressées à M. le curé de Loupiac ; elles ont été portées au Club de cette ville qui, pour raison de ce, a dénoncé notre digne prélat à l'Assemblée nationale ; je voudrais pouvoir joindre ici un imprimé qu'on a fait faire à ce sujet.

L'intrus de Saint-Flour n'a pas encore passé ici. M. Delbrut a été ou doit être remplacé par un étourdi d'apostat bénédictin, qu'on croit déjà nommé, Dominique Mirande, de cette ville, qui au rapport de M. Delbrut, témoin oculaire, a été souper deux fois fort longuement à son auberge, pendant cette semaine sainte, il ne porte ni l'habit religieux ni d'ecclésiastique.

Distribution faite ou à faire de 20 Instructions et de 25 Ordonnances :

|  | Instructions | Ordonnances |
|---|---|---|
| A M. le curé de Mauriac......... | 1 | 0 |
| à celui du Vigean....... ...... | 1 | 1 |
| à celui de Drignac, avec prière de communiquer le tout à M. Lascombes, curé d'Escorailles.... | 1 | 1 |
| à M. Mathieu, supérieur de la mission de Salers, qui pourra en donner communication aux curés de Salers et de Saint-Bonnet..... ............. , | 1 | 1 |
| aux curés de Saint-Paul et du Falgoux.................... | 1 | 2 |
| à M. le curé de Fontanges....... | 1 | 1 |
| à celui de Saint-Projet.......... | 1 | 1 |
| au doyen de Saint-Chamant..... | 1 | 1 |
| au curé de Loupiac, pour celui de Sainte-Eulalie, qu'ils pourront communiquer aux curés de Saint-Christophe et Saint-Martin-Cantalès................. | 2 | 4 |
| à Pleaux...................... | 2 | 2 |
| à Barriac..................... | 1 | 1 |

| | | |
|---|---|---|
| à Tourniac.................... | 1 | 1 |
| à Chaussenac................. | 1 | 1 |
| à Brageac..................... | 1 | 1 |
| à Drugeac (1).................. | 1 | 1 |
| Le distributeur garde pour lui-même....................... | 1 | 1 |
| Total....... | 18 | 20 |

Le surplus pourra voltiger d'un côté et d'autre et peut-être lui donnerai-je dans la suite une destination fixe. On en a déjà fait passer à quelques curés jeunes. On présume qu'il y en aura beaucoup qui refuseront de reconnaître l'évêque intrus. »

Je ne sais par quelle fatalité cette lettre tomba entre les mains de M. Fournet, curé constitutionnel de Rochefort, près Clermont. Ces hommes de la nouvelle religion, mus par la haine schismatique, étaient heureux de trouver l'occasion de faire tomber sur les prêtres catholiques tout le poids des rigueurs révolutionnaires. Le curé constitutionnel de Rochefort profita de la bonne aubaine qui lui était présentée. Il envoya la lettre de M. Teissier au président de

---

(1) Tous ces prêtres furent fidèles. M. Faucher, curé de Saint-Christophe, et Gabriel Danjolie, curé de Saint-Martin-Cantalès, se rétractèrent.

la société des *Amis de la Constitution*, à Mauriac, et lui écrivit lui-même la lettre dénonciatrice que voici :

« Monsieur, une personne de ma paroisse m'a mis entre les mains une lettre sans enveloppe et sans signature, avec une liste des personnes à qui l'on devait distribuer des Instructions et des Ordonnances sans doute du ci-devant évêque de Saint-Flour ou de celui de Clermont. J'ai vu sans étonnement que cette pièce était d'un prêtre du District de Mauriac et, comme elle peut être de quelque utilité à la chose publique, je m'empresse de vous la faire passer. Il est de l'intérêt de tout bon citoyen de démasquer leurs menées sourdes et hypocrites, qu'ils voilent si bien du manteau de la religion. Oui, Monsieur, de tous côtés ils se lient et agissent de concert pour miner les sages opérations de l'Assemblée nationale ; mais qu'ils tremblent, les méchants! les coups qu'ils veulent nous porter retomberont sur eux-mêmes. La force et la raison ne doivent-elles pas triompher de la fureur et de la folie ? J'ai l'honneur d'être, avec la plus cordiale fraternité, Monsieur, votre très humble et très obéissant serviteur.

Fournet, curé de Rochefort et membre de la société des *Amis de la Constitution*, séante aux Jacobins à Clermont-Ferrand.

Rochefort, ce 14 mai 1791.

P. S. — Mon vicaire, qui a fait toutes ses études à Mauriac, m'a dit, après avoir lu cette lettre, qu'il croyait qu'elle était de M. Teissier, ci-devant professeur à Mauriac. »

Aussitôt ces pièces reçues, le Président de la Société réunit les *Amis de la Constitution* en séance solennelle et voici le procès-verbal intégral de cette séance :

« Du dimanche 22 mai 1791. Après la lecture du procès-verbal de la précédente séance, la Société a entendu celle de plusieurs lettres et paquets à elle adressés. Elle a d'abord été frappée d'une lettre de M. Fournet, curé de Rochefort et membre de la Société des *Amis de la Constitution*, séante aux Jacobins à Clermont, par laquelle il lui dénonce une autre lettre, trouvée dans sa paroisse, sans adresse ni signature, mais qu'il présume être du sieur Teissier, prêtre, exclu de la chaire de philosophie du collège de cette ville, pour avoir refusé de prêter le serment exigé par la loi de tous les ecclésiastiques fonctionnaires publics, et dans laquelle ce prêtre réfractaire s'annonce lui-même comme un des principaux agents du ci-devant évêque de Clermont et du parti anti-patriotique. Cette lettre était en effet jointe à celle de M. le curé de Rochefort, ainsi qu'un état de distribution faite ou à faire d'un certain nombre d'exemplaires, des instructions et ordonnances dudit ci-devant évêque de Clermont, précédemment dénoncées par la Société. La lecture de ces deux pièces excitant toute son indignation, la Société les a successivement présentées à plusieurs, soit de ses membres, soit des assistants, qui ont déclaré reconnaître parfaitement l'écriture dudit sieur Teissier.

Sur quoi, ne croyant plus devoir garder aucun ménagement envers un ecclésiastique, déjà soupçonné depuis longtemps d'être dans ce District le principal agent de l'aristocratie sacerdotale, elle a arrêté, sur la motion d'un de ses membres, de dénoncer à l'accusateur public l'envoi fait par le patriote curé de Rochefort et a remis à cet effet les pièces qui le composent, paraphées de son président, à M. Rigal, notaire, l'un de ses membres pour en demeurer dépositaire, les représenter à toutes réquisitions et en délivrer des copies certifiées.

Elle a de plus arrêté de les faire imprimer au nombre de 400 exemplaires ainsi que le présent procès-verbal et un *avis* au peuple dont elle a ordonné la rédaction. Elle a couvert de son mépris les propos injurieux et les imputations calomnieuses, faites à la fin de la lettre dudit Teissier contre M. Dominique Mirande, ci-devant bénédictin, ex-président, et l'un de ses plus dignes membres dont les vertus et la piété éclairée ont engagé le nouvel évêque de ce département à lui confier la direction de son séminaire.

Elle a enfin arrêté d'adresser à M. Fournet, curé de Rochefort, l'expression de sa reconnaissance et une expédition du présent procès-verbal.

Fait et arrêté à Mauriac, dans la séance publique de la Société des *Amis de la Constitution*, le dimanche 22 mai 1791, signé, Chevalier, ex-président, Brière et Duclaux, secrétaires ».

La Société des frères et amis ne se contenta pas de dénoncer l'abbé Teissier aux autorités de l'époque, elle voulut prémunir le peuple contre les agissements terribles du saint prêtre. Cet homme leur faisait peur et ils lancèrent contre lui toutes les foudres de leur colère. Voici, sous forme d'*avis*, leur adresse au peuple :

« Citoyens, on vous trompe ; telle est la vérité que les *Amis de la Constitution* n'ont cessé de vous engager à reconnaître ; la plupart des intrigues et des menées de vos ennemis, des ennemis de la Révolution, n'ont pu se découvrir que par la mauvaise foi de leurs auteurs. Mais aujourd'hui que la *Société des Amis de la Constion*, séante à Mauriac, peut convaincre l'incrédulité par des faits, avec quel avantage ne vient-elle pas arracher le bandeau qui couvrait vos yeux! Oui, frères et amis, le masque tombe, la toile est levée, et vous voyez sur la scène celui qui, par une trop longue séduction, vous a égarés, celui qui ne craint pas de proclamer le langage de la religion pour souffler la discorde et le fanatisme dans tout ce District. Ennemi de la patrie et de la religion, quelle terre osera le porter?

Depuis longtemps les ennemis d'une *Constitution* qui assure le bonheur de l'homme, s'étaient fait un moyen sûr de contre-révolution par la résistance à la loi du serment : vainement ils ont employé, mais toujours dans l'ombre du mystère, le langage de la religion et de la séduction. La Providence veille sur toutes les actions des méchants et leurs manœuvres criminelles avortent toujours. Quoi, frères et amis, vous pourriez vous laisser persuader que les Français veulent une autre religion que la religion catholique, apostolique et romaine, celle dont ils salarient les ministres, celle pour laquelle ils ont toujours eu le plus grand respect? Nous voulons bien ne pas croire tous nos pasteurs de mauvaise foi dans la non prestation du serment ; mais nous ne pouvons nous empêcher de les blâmer pour leur trop aveugle obéissance à des supérieurs qui ne peuvent aimer le nouvel ordre de choses et qui les bercent de l'espoir chimérique d'une contre-révolution prochaine.

Mais, frères et amis, vous ne doutez plus qu'on vous trompe. Écartez donc avec soin toute insinuation perfide, toute résistance aux lois nationales, et reconnaissez enfin vos vrais amis, ce sont les amis de la *Constitution*.

Par arrêté de la Société les *Amis de la Constitution*, séante en la ville de Mauriac, Chevalier, ex-président, Brière et Duclaux, secrétaires ».

Ainsi dénoncé à la vindicte publique, l'abbé Teissier dut quitter Mauriac et se cacher. Il courait le pays, de village en village, car dans sa famille il n'était pas en sûreté, traqué comme une bête fauve jusque dans les solitudes de Loupiac, son pays natal.

« Entre Ally et Loupiac, sur une hauteur qui domine deux vallées, est bâti un village solitaire, couvert d'arbres et de rochers, celui de Fages. L'abbé Teissier y chercha une retraite. A part un certain homme, pédagogue de son état, qui recevait ses inspirations de la *racaille* de

Loupiac, les habitants étaient peu friands des idées nouvelles. Ils prodiguent leurs soins au proscrit, le cachent avec sollicitude, et pourtant, malgré ces empressements de la charité chrétienne, le pauvre abbé tombe malade, trop secoué sans doute par les vives émotions qu'il éprouve.

A cette nouvelle, Catinon-Menette accourt de Mauriac; elle fait plusieurs voyages à Fages, pénètre dans le fournil qui abritait le premier martyr de la foi dans nos montagnes. Elle lui apportait des médicaments, des consolations, le soignait affectueusement... M. Teissier demeura plusieurs semaines dans le fournil de l'honorable famille Rivière, sans que les domestiques de la maison en eussent connaissance, tant on prenait de précautions pour soustraire le malade aux regards des suspects. Cette prison continuelle aggrava la maladie du saint prêtre. Un jour les gendarmes eurent vent de leur proie; ils arrivent à Fages. Le malade avait été transporté de chez Rivière dans une maison voisine; ils étaient déjà à la porte; à la hâte on entortille tant bien que mal le moribond dans un drap de lit, on l'attache avec une corde et on le descend brusquement par une lucarne dérobée, puis furtivement, de buisson en buisson, on l'emporte sous une roche solitaire où il demeure caché jusqu'à ce que la gendarmerie ait quitté le village.

Le malade, on le comprend, ne pouvait résister longtemps à de pareilles secousses ; il entre en agonie. Catinon-Menette tâche d'adoucir par le baume de sa charité les amertumes de la mort. Grâce à ses soins, les sacrements lui sont administrés par un prêtre fidèle. Enfin il rend son âme à Dieu, le 22 juillet 1792, et il est enseveli au cimetière d'Ally (1). »

Les mandements, les ordonnances de l'évêque de Saint-Flour éclairèrent les esprits, arrêtèrent des chutes, mais ne parvinrent pas à empêcher l'établissement du schisme en Haute-Auvergne.

Mgr de Ruffo fut donc obligé d'abandonner son siège. Il émigra en Italie, vécut à Florence, à Caserte, etc., et rentré dans sa patrie, il donna sa démission de l'évêché de Saint-Flour pour ne pas entraver la réorganisation de l'Eglise de France, et il fut nommé chanoine de Saint-Denis. Il mourut en 1816, âgé de 70 ans.

(1) *Vie de Catinon-Menette.*

# CHAPITRE X

ARRIVÉE DE THIBAULT A SAINT-FLOUR — SA VISITE AUX PRINCIPALES VILLES — CLERGÉ CONSTITUTIONNEL.

Thibault arriva à Saint-Flour, le 17 avril 1791. Le Directoire du Département, le Directoire du District, le tribunal, la municipalité, la garde nationale reçurent le pontife de la nouvelle loi à la porte de la ville où le maire lui offrit les hommages de la cité.

Puis « nous l'avons conduit, dit le maire Chirol, dans le procès-verbal d'installation, nous l'avons conduit à la cathédrale, au bruit des canons et au son des cloches, au milieu des applaudissements et des cris de joie d'un peuple immense... Après que M. Thibault a eu fait sa prière,... après qu'il nous a eu montré le procès-verbal de son élection, ceux de son institution et de son sacre, il a réitéré son serment, après quoi nous avons mis et installé M. Anne-Alexandre-Marie Thibault dans la vraie, actuelle, réelle et corporelle possession dudit évêché du nation, qui ne connaissait pas ses droits, était soumise à des lois qu'elle n'avait pas faites et qui tenaient de la barbarie des siècles qui les avaient vu naître. Des hommes audacieux s'étaient érigés en souverains, en despotes, parce que leurs ancêtres avaient porté chez nous le fer et le feu.

Ils avaient ainsi rompu les liens d'égalité et de fraternité qui doivent attacher tous les citoyens, tous les enfants d'un même père. Mais Dieu dans sa miséricorde a voulu délivrer de l'esclavage un peuple qu'il chérit ; il a voulu tarir pour jamais la source de ses larmes. Les privilèges et les abus, après avoir dérobé la substance du pauvre, avaient porté leurs ravages dans toutes les classes de la société et le corps politique était près de tomber en dissolution. La superstition, née dans les ténèbres, alimentait l'ignorance du peuple et les prêtres, abusant du pouvoir que Jésus-Christ leur a confié, voulaient soumettre à l'autorité qu'ils n'avaient pas les âmes simples et faibles. Ils n'y avaient que trop réussi. Mais la Constitution... a rappelé le clergé à sa primitive institution... »

Après avoir prêché l'obéissance à la Constitution et s'être efforcé de prouver que les nouveaux pasteurs ne sont pas schismatiques, il finit ainsi :

« C'est pour travailler à l'achèvement de cette heureuse Constitution que je me vois forcé de vous quitter pour quelque temps ; mais mon cœur reste au milieu de vous. On profitera peut-être de mon absence pour essayer encore de vous séduire, de vous tromper. Ne fermez pas, je vous en prie, les yeux à la lumière. Soyez fermes dans la foi ; résistez avec courage aux insinuations perfides des ennemis de la Constitution qui sont aussi les ennemis du peuple. Ecoutez avec docilité la voix de vos légitimes pasteurs, de ceux que vous avez choisis pour vous conduire dans les voies du salut et de la gloire éternelle. »

Thibault se met en route, accompagné de gardes nationaux qui le protègent contre l'indignation de la foule, « mais qui ne purent pas le défendre des clameurs et des huées, dit Marcellin Boudet ».

A Murat, il fut reçu avec enthousiasme par les patriotes, avec mépris par les honnêtes gens. Il en fut de même à Aurillac.

« Notre évêque citoyen, dit le *Cantaliste,* est arrivé vendredi soir, le 6 de ce mois. Deux détachements de cavalerie de notre garde nationale avaient été, la veille, l'un jusqu'à Murat, l'autre jusqu'à Vic, pour escorter ce prélat. Le jour de son arrivée, la garde et la gendarmerie nationales dans la plus grande tenue militaire, précédées de prêtres patriotes, ont été au-devant de lui à une grande distance de la ville... Lecteurs, représentez-vous en idée la vallée de la Cère avec un ciel brillant et serein, car le soleil parut retarder sa marche pour éclairer cette fête civique de ses rayons, un air pur et suave, de vastes prairies fertilisées par la rivière, le cours lent et majestueux de son onde... (toute une page de cette poésie) et vous n'aurez encore qu'une légère exquisse de ce tableau... Un bataillon d'enfants, tous au-dessous de 12 ans, ayant sur leurs drapeaux : *Espoir de la patrie*, précède la marche. Les corps administratifs, les juges, les officiers municipaux, les *Amis de la Constitution* vont recevoir le nouvel évêque hors de l'enceinte de la ville. Il entre dans nos murs aux acclamations universelles, se rend à la principale église où l'on chante un *Te Deum*, de là à l'hôtel de ville... L'aristocratie, la prêtraille incivique ou fuient ou se cachent comme l'oiseau nocturne à l'aspect de la lumière...

Le lendemain il assista à une séance des *Amis de la Constitution* où il reçut force compliments ».

D'Aurillac, Thibault se rendit à Mauriac, où il

fut reçu avec grand fracas par les fonctionnaires et les patriotes.

Avant son départ pour Paris, Thibault avait essayé d'organiser son clergé; il n'avait encore pu trouver que six vicaires épiscopaux et il mit toute l'année 1791 pour former son conseil composé de douze vicaires et de quatre directeurs du séminaire, dont voici les noms :

Vicaires épiscopaux : Pierre Vayron, député à l'Assemblée législative, Pierre-Antoine Coren, Jean Richard, Pierre Chavinier, Jean-François Aubigeoux, François Rongier, Pierre Fontanier, Chandon, François Négrier, Guillaume Gozon, Jean-Baptiste Grassal, Pierre Vaissier.

Directeurs du séminaire : Pierre-Michel Fournier, Pierre Rames, Jean-François-Joseph Daude, Guillaume Vayron.

Dans chaque district, les électeurs choisissaient les curés et Thibault leur donnait la prétendue institution canonique. Dans le registre de ces institutions nous lisons le nom de 122 prêtres constitutionnels, non compris les vicaires épiscopaux, Voici les noms des curés intrus des principales localités du département. Saint-Flour, point d'autre curé que l'évêque ; Aurillac : Gabriel Chandon, à Notre-Dame, et Jean-Pierre-Paul Vanel, à Saint-Étienne ; à Murat : Guy-

Joseph Deleudis, puis Blaise Houradou; Mauriac : Louis Bertin; Salers : Dominique Mirande, puis Chinchon; Pleaux : Guy Dagen; Chaudesaigues : Pierre Abrial; Pierrefort : Vital Roudil; Marcenat : Bonnet.

Comme le nombre des jureurs était relativement peu considérable, on dut laisser dans les paroisses les anciens curés, quoiqu'ils n'eussent pas prêté serment. Le procès-verbal de l'Assemblée départementale, tenue en décembre 1791, dit page 92 : « Le sieur évêque a établi des vicaires dans certaines paroisses mais en petit nombre et il s'en faut bien qu'ils puissent suffire au culte ».

A la page 28 du même procès-verbal, nous lisons: « Jusqu'à cette époque (1ᵉʳ décembre 1791) les précédents fonctionnaires publics ont continué d'exercer leurs fonctions et n'ont reçu de traitement que comme curés et vicaires. Le nombre des curés et vicaires a beaucoup varié; le défaut de prestation de serment en a fait retirer plusieurs qui n'ont pu être remplacés de suite ».

Un an plus tard, dans les derniers mois de l'année 1792, il y avait encore des prêtres fidèles dans beaucoup de paroisses; on les y tolérait, faute de prêtres schismatiques, c'est ce que constate le procès-verbal de l'assemblée électorale tenue à Aurillac, en septembre 1792 : dans la séance du 3 septembre un électeur demanda « qu'il fût donné invitation aux électeurs des quatre Districts de procéder au remplacement des curés et vicaires insermentés qui sont encore en place ».

Il est donc constaté que le schisme trouvait peu d'adhérents et encore parmi ces adhérents de la première heure plusieurs se rétractèrent-ils bientôt. On faisait pourtant les plus grands efforts pour trouver des prêtres de la nouvelle religion.

En l'absence de Thibault plusieurs jeunes gens furent envoyés à Clermont pour y recevoir l'ordination des mains du citoyen Perier, évêque constitutionnel du Puy-de-Dôme.

De retour à Saint-Flour, Thibault fit lui-même une ordination, le 17 décembre, à laquelle participèrent trois prêtres, huit diacres, douze sous-diacres et plusieurs minorés et tonsurés.

Tout ce clergé constitutionnel, composé d'intrigants, d'ignorants, de peureux, était soutenu, encouragé par les diverses admnistrations, accompagné, installé par les gendarmeries et les gardes nationales, mais repoussé, méprisé, détesté par les religieuses populations de l'Auvergne. Grande leçon historique donnée aux gouvernements persécuteurs, aux fabricants de religions nouvelles.

# PIÈCES JUSTIFICATIVES

## N° 1

### TESTAMENT DE MGR DE BONAL.

« Fait à Paris, hôtel de Pons, rue des Saints-Pères, faubourg Saint-Germain, paroisse de Saint-Sulpice, le 30 août 1792.

Au nom de la Très Sainte Trinité, Père, Fils et Saint-Esprit, après avoir spécialement recommandé mon âme à la très sainte Vierge, aux saints anges et à tous les saints, en particulier à mon bon ange et à mon patron saint François d'Assise, je François de Bonal, évêque de Clermont, pénétré de la pensée salutaire, que tout homme prudent doit sans cesse avoir présente à son esprit, du moment de sa mort et se rappeler qu'à chaque instant il peut être surpris, voulant faire mes dispositions de dernière volonté, crois devoir commencer par ma profession de foi et déclarer que fermement attaché à la religion catholique, apostolique et romaine, je veux mourir dans son sein, et que j'espère que Dieu m'en fera la grâce : je reconnais le siége de

Rome comme le centre de l'unité catholique et le Pape comme vicaire de Jésus-Christ sur la terre ; je reconnais en lui, sous cette qualité, la primauté d'honneur et de juridiction dans toute l'Eglise ; je reconnais enfin l'autorité de l'Eglise et son indépendance pour les lois de discipline qui ont rapport à son gouvernement et que nulle autre puissance n'a droit d'y influer que par voie de protection ou pour en procurer l'exécution; son infaillibilité dans tout ce qui est de dogme ou de morale. Je dis anathême à toute doctrine opposée et suis disposé à verser mon sang pour celle-ci.

Après cette déclaration que je fais de toute la plénitude de mon cœur, je recommande à Dieu mon cher diocèse et forme les vœux les plus tendres et les plus chers pour que le déplorable schisme qui le consume soit promptement et entièrement aboli et qu'il n'y reste plus que le véritable esprit de la foi et de l'unité.

Je donne et lègue aux pauvres de ce diocèse, qui a et qui aura jusqu'au dernier soupir toute mon affection, la somme de sept mille cinq cents livres à moi due par M. de Bonal, l'aîné des enfants de feu mon frère, laquelle somme j'ai avancée, en 1786. pour acheter à ce dit neveu une compagnie de cavalerie au Régiment-Royal et dont l'obligation par devant notaire au nom de feu mon frère doit se trouver parmi mes papiers; je m'en rapporte à la sagesse et à la religion de mon héritier, ci-après nommé, pour les moyen de faire de ce legs l'application et la distribution la plus utile et la plus avantageuse possible.

Je donne et lègue à Louis Ragot, mon ancien et fidèle serviteur, pour reconnaissance de ses bons services, la somme de deux mille livres une fois payée, en outre de ce qui pourra lui être dû de ses gages, à l'époque de mon décès. Je déclare au reste que ce don est purement personnel et que si le dit Ragot était mort avant moi, mon héritier ne sera tenu à rien vis-à-vis des siens.

Je donne et lègue à Antoine Cronier, mon valet de chambre, auquel je ne saurais assez marquer ma reconnaissance pour l'attachement qu'il m'a constamment marqué dans les circonstances les plus critiques et les plus périlleuses, la somme de mille livres et en outre ma garde-robe en linge et habits, telle qu'elle se trouvera à mon décès, à l'exception néanmoins des linges et habits d'église et de tout ce qui a rapport à ma chapelle.

Je donne et lègue à Joseph Defer qui a mérité

de ma part le plus grand intérêt pour le zèle qu'il m'a marqué, la somme de mille livres et ce, pour lui, ainsi que pour Antoine Cronier ci-dessus nommé, indépendamment de ce que je leur devrai pour leurs gages que j'ai eu soin de payer exactement jusqu'au 1ᵉʳ juillet de la présente année.

Je recommande à mon héritier de rendre à tous ces fidèles serviteurs, ainsi qu'à tous ceux que j'ai été forcé de congédier par le coup de la Révolution, tous les services qui pourront dépendre de lui.

Je donne et lègue à madame de Bonal, épouse de M. d'Ebrard de Rocal, ma sœur, la somme de six mille livres, sous la condition expresse qu'elle ne répètera rien de M. de Bonal, l'aîné de nos neveux, soit pour cause de prétentions qu'elle a annoncées sur la légitime de feu notre sœur, morte religieuse à l'hôpital Issondolus, soit pour augmentation de sa propre légitime, et qu'elle donnera une décharge absolue à notre dit neveu ; et dans le cas où elle ne voudrait pas accepter cette condition, ladite somme rentrera en fonds de succession en faveur de mon héritier ; si elle accepte au contraire cette condition, mon héritier aura une année entière, à dater de l'époque de l'ouverture de mon présent testament, pour acquitter ce legs qui jusque-là ne portera pas intérêt.

Je charge mon héritier de faire acquitter six cents messes par des prêtres qui n'aient pas prêté le fatal serment qui a opéré le schisme ; je désire que ces messes soient acquittées dans mon diocèse et par des prêtres qui en soient. Mais si la chose, à raison des circonstances malheureuses où se trouverait l'Eglise, devenait difficile, alors je le prie de faire célébrer ces messes partout où il pourra sans que, dans aucun cas, il puisse pour cela employer des prêtres assermentés. Enfin si, ce qu'à Dieu ne plaise, il arrivait qu'il ne pût me procurer ce secours si précieux à mon âme, alors il convertirait en bonnes œuvres, dont je lui laisse le choix, mais faites dans mon diocèse, la somme équivalente à l'honoraire de ces six cents messes à l'intention du soulagement de mon âme.

Je voudrais pouvoir donner à mon église de Clermont et aux divers établissements publics de mon diocèse, formés soit pour le secours des pauvres soit pour l'instruction publique, des preuves de mon tendre dévouement; mais la triste position où se trouvent tous les corps ecclésiastiques ne me permet pas de le faire, et, de plus, la médiocrité de mes moyens actuels ne m'en laisse pas la possibité ; mais je dois déclarer à mon héritier que mon intention avait toujours été de lui laisser la jouissance, durant sa vie, de la rente que pourrait produire le fonds de ma succession, placé au denier vingt sur un établissement de charité, de manière que le fonds restât à cet établissement de mon diocèse et le revenu en fût perçu par mon héritier durant sa vie ; mais ne sachant plus comment remplir cet objet, je me borne à le charger de prendre tous les moyens pour assurer ce fonds à la destination que j'avais projetée, lui laissant néanmoins la liberté de transmettre après lui ce même revenu à M. François de Bonal, mon neveu, actuellement sous-diacre, pour sa vie, dans le cas où il n'aurait point de bénéfice ecclésiastique qui lui donnât deux mille livres de rente resterait acquise à l'établissement, dès le moment de la mort de mon héritier auquel je fais l'invitation la plus pressante de remplir ce vœu de mon cœur et de ma conscience.

Je le charge encore expressément de faire brûler, avec une exactitude et une fidélité religieuses, toutes mes lettres et autres papiers, excepté ceux qu'il serait dans le cas de regarder comme honorables pour ma famille ou utiles à ma succession.

Je nomme et institue mon légataire universel M. Joseph de Bonal, mon frère cadet, chevalier de l'ordre royal et militaire de Saint-Louis et honoraire de celui de Saint-Jean de Jérusalem, bien persuadé qu'il remplira toutes mes intentions et qu'il fera un bon usage de ce que je lui laisse. Je le prie de se rappeler que tout ce que j'ai provient de mes revenus ecclésiastiques, que je ne puis lui laisser que parce que je suis dans le cas de le ranger relativement à son état dans la classe des pauvres; je le prie d'offrir de ma part, comme preuve d'un tendre et respectueux souvenir à Madame de Fargues, notre très chère tante, une de mes bagues à son choix et une aussi à Madame de Bonal, épouse de M. Pechpeyrou de Beaucaire, notre cousine, après le choix de Madame de Fargues, comme aussi de donner à M. l'abbé de Fargues, notre cousin, ma croix d'or provenant de feu M. l'évêque de Saint-Claude, qui me l'avait fait remettre à sa mort.

Telles sont mes dispositions de dernière volonté; consignées dans ce testament olographe, écrit en entier de ma main et signé à chaque page, je le fais double afin qu'un venant à se perdre, l'autre puisse parvenir à la connaissance de mon héritier.

Fait à Paris, hôtel de Pons, rue des Saints-Pères, faubourg Saint-Germain, paroisse de Saint-Sulpice, le 30 août 1792.

† François de BONAL, évêque de Clermont.

## TESTAMENT SPIRITUEL
### OU DERNIÈRES INSTRUCTIONS DE MGR L'ÉVÊQUE DE CLERMONT A SON DIOCÈSE

*François de Bonal, par la grâce de Dieu et du Saint-Siège apostolique, évêque de Clermont, etc.*

*Au clergé et à tous les fidèles de mon diocèse, salut et bénédiction.*

1° Si de fortes considérations, mes très chers frères et très chéris diocésains, si la crainte d'exposer à une plus cruelle persécution des ecclésiastiques zélés et respectables qui s'étaient dévoués au salut de vos âmes, m'ont imposé un long silence, je ne puis, dans le terrible moment où je me trouve, me dispenser de vous adresser quelques paroles de salut. C'est un père qui va parler pour la dernière fois à ses chers enfants, c'est dans leurs cœurs qu'il va déposer les dernières effusions du sien.

2° Depuis quatre mois, cloué sur mon lit de douleur, je regarde comme de pures illusions, de la part de ceux qui m'entourent, les espérances de guérison qu'ils cherchent à m'inspirer, et je

crois pouvoir dire avec le plus grand apôtre :
*Ego jam delibor et tempus resolutionis meæ
instat.*

3° Ce moment si redoutable aux yeux de la
foi, même pour les justes, je le vois arriver avec
calme ; mais ce calme n'est et ne peut être que
le pur effet de mon entière confiance en la misé-
corde de mon Dieu.

4° Ah ! pardonnez-moi, M. C. Diocésains, tous
les scandales (1) que j'aurais pu vous donner,
moi qui devais, plus qu'un autre, n'être occupé
que de votre édification. Soyez bien assurés que
je me les reproche avec la plus grande amertume, et j'aime à espérer que votre charité vous
aura portés, d'après la connaissance vague que
vous aurez eu de mon état, à m'aider de vos
prières pour faire une bonne mort, et pour
m'obtenir du Père des miséricordes l'indulgence
et les grâces auxquelles le sang de son divin Fils
me donne des droits sacrés ; puissé-je les met-

(1) Je me permis d'observer à Monseigneur que l'expression *scandales* me paraissait bien forte ; il insista en me disant
que les moindres fautes d'un évêque étaient vraiment des
scandales. Ceux qui ont eu le bonheur de le connaître senti-
ront vivement le contraste que présente cette expression avec
sa conduite et en admireront davantage son humilité. *Note
du secrétaire.*

tre à profit durant le peu de jours qui me restent sur cette terre de misère.

5° Si j'ai le bonheur de me trouver dans une région catholique, j'ai celui de pouvoir profiter abondamment des secours spirituels de tous les genres. J'ai été administré en viatique, d'abord solennellement pour remplir ce que l'édification publique exige surtout d'un premier pasteur ; j'ai ensuite obtenu chaque semaine cette précieuse et incomparable faveur, pour affermir et ranimer dans l'auguste sacrement de l'amour de J.-C., les sentiments qui doivent consommer mon sacrifice.

6° Hélas ! quand je reporte mes yeux sur ma patrie et sur la portion d'entre vous, M. T. C. F., malheureusement trop nombreuse, qui a été entraînée dans les écarts du schisme ou dans les excès de l'impiété, que d'actions de grâces particulières ne dois-je pas rendre à l'auteur de tout don parfait, pour m'avoir investi, pour ainsi dire, de toutes les ressources de la religion, et combien ne dois-je pas sentir plus vivement les privations désolantes auxquelles vous êtes réduits depuis longtemps, vous qui avez eu le bonheur de conserver ou de recouvrer cette intégrité de foi qui fait tout supporter à la vertu, mais qui n'empêche pas que l'on ne soit vivement affecté de tout ce qui contrarie la piété et le vrai zèle du salut. Soyez bien assurés que j'ai partagé et que je partage constamment cette terrible épreuve, à laquelle le Ciel a jugé à propos de vous réduire, et que si mes souffrances pouvaient donner quelque prix à mes prières, vous goûteriez bientôt des douceurs et des consolatations que mes vœux ont sans cesse sollicitées en votre faveur.

7° Quelles que soient les vues de la divine Providence sur moi, soit qu'elle juge à propos de me soumettre à une habitude de douleurs et d'inertie, durant le peu de moments qui pourraient m'être réservés dans ce monde, soit qu'il entre dans ses décrets de m'en retirer prochainement, comme je crois avoir lieu de le penser, j'adore et me soumets à des dispositions que je ne saurais trop respecter, mais en même temps je fais le sacrifice le plus absolu et le plus complet de ma santé ou de ma vie ; c'est une consolation pour moi de ne pas terminer ma carrière, sans vous faire parvenir une instruction du sein de mon tombeau : car il entre dans mon plan que ce dernier effort de mon zèle ne devienne public qu'après mon décès (1).

(1) L'intention de Monseigneur est qu'on fasse imprimer ce testament spirituel, et qu'on lui donne toute la publicité possible dans son diocèse. *Note du secrétaire.*

8° Je demande au Seigneur avec instance qu'il daigne protéger spécialement mon diocèse, en me donnant un successeur plein de son esprit, uniquement attaché à la doctrine de l'Eglise et versé dans la connaissance de ses lois et de ses saintes règles ; que son zèle ardent pour la gloire de Dieu et le salut des âmes soit guidé par la prudence et la sagesse qui vient du ciel. Animé de la charité la plus pure, qu'il répare de tout son pouvoir les maux qui ont pu résulter des négligences et des erreurs de mon administration ; qu'il soit entièrement occupé de ce que je voudrais encore faire moi-même au milieu de toutes les épreuves et de toutes les peines possibles ; et que Dieu répande sur ses travaux les plus abondantes bénédictions.

9° Quoique ma foi ne vous ait jamais paru suspecte, je crois devoir, mes très chers frères, puisque Dieu m'en donne le temps et la force, vous en renouveler la profession de la manière la plus précise et la plus formelle. (1)

---

(1) Quels que fussent sa faiblesse et son accablement dans les deux derniers mois de sa maladie, il semblait prendre une nouvelle vie, lorsque je me présentais à lui pour écrire sous sa dictée. Quand il en était à sa profession de foi, son amour et son zèle pour la vérité lui donnaient une telle force, qu'on aurait dit qu'il était en pleine santé. *Note du secrétaire.*

10° D'abord je déclare que je veux vivre et mourir dans le sein de l'Église catholique, apostolique et romaine, et que pour cela je tiens d'esprit et de cœur, et suis soumis, autant qu'on puisse l'être, à toutes les vérités contenues dans les saintes écritures et dans la sainte tradition. Je tiens également de cœur et d'esprit, et n'ai pas moins de soumission aux décisions dogmatiques de l'Église assemblée ou dispersée.

11° Mais, comme il est des circonstances qui exigent des développements relatifs aux erreurs nouvelles, et que malheureusement un si grand nombre de nos frères est plongé dans un état d'erreur et de schisme, sur lequel il est impossible de garder le silence, je déclare que je reconnais, comme un article de foi, la primauté d'honneur et de juridiction du Pape sur toute l'Église, sur les évêques même, comme sur les simples fidèles, ainsi que je l'ai déclaré dans la profession de foi que j'ai faite dans le cours de ma précédente maladie, au moment de recevoir le saint Viatique, et que j'ai déposée entre les mains du curé de la paroisse qui m'administra cet auguste sacrement.

12° Je déclare que, quoique l'Église n'ait point encore prononcé sur le serment de liberté et d'égalité, je le regarde et l'ai constamment regardé, vu les circonstances où il a été exigé, comme une monstrueuse production de l'impiété et de l'erreur. Je crois, ainsi que je l'ai toujours cru, que personne n'a pu le prêter en sûreté de conscience ; et quoique je sois entièrement convaincu de cette vérité, je ne puis adresser à ceux qui l'ont prêté d'autres paroles que celles qui nous ont été adressées, en réponse sur cette matière, par la Congrégation des Cardinaux, en date du 23 septembre 1794, savoir : qu'il n'y a lieu à aucunes peines canoniques contre eux, le jugement du souverain Pontife n'ayant pas encore été prononcé ; mais qu'on doit les avertir, soit laïques, soit ecclésiastiques, de pourvoir à la sûreté de leur conscience, n'étant jamais permis de jurer dans le doute.

13° Je déclare que je suis spécialement soumis à ce qui a été décidé par le souverain Pontife Pie VI, d'heureuse mémoire, contre la Constitution prétendue civile du clergé de France et contre le serment impie auquel est due la désolation où se trouve notre Église.

14° Je ne me permets pas de taire ma façon de penser sur les actes de soumission aux lois de la République ou de fidélité à la Constitution de l'an 8 (1799), car je ne parle point de ce monstre abominable, le serment de haine à la royauté.

Je désire donc que tout le monde soit bien instruit que je veux mourir dans le principe ou j'ai été jusqu'à présent, par la grâce de Dieu, avec le très grand nombre de mes collègues, que si, selon le grand apôtre, *toute puissance vient de Dieu* et que *tous doivent y être soumis*, cette maxime n'est pas moins vraie : « Il vaut mieux obéir à Dieu qu'aux hommes ; » qu'il n'est pas moins certain que lorsque la législation d'un empire est fondée sur l'impiété et l'injustice et qu'elle propose à notre soumission plusieurs lois évidemment injustes et impies, on ne peut promettre fidélité à ces lois, sans réserver expressément tout ce qui serait contraire aux maximes de notre religion sainte et que la vue des plus grands maux à éviter ne saurait excuser une promesse de fidélité sans réserve expresse ; la mort serait moins funeste : *Elegerunt magis mori et noluerunt infringere legem Dei sanctam et trucidati sunt.*

15° Je soumets néanmoins mes sentiments au jugement de l'Église ; je m'empresserai toujours de donner tous les exemples que je pourrai du plus profond respect et de la plus entière soumission aux décisions émanées de son tribunal.

16° Je ne vous le dissimulerai pas, M. T. C. F., mon sincère attachement à la foi de l'Église, mon attention à éloigner de vous tout ce qui pourrait en altérer la pureté, mes efforts pour retirer des voies du mensonge le petit nombre d'entre vous qui avait été séduit, la douleur amère que je ressentais lorsqu'une âme s'obstinait à demeurer dans les routes tortueuses de l'erreur, la joie vive dont j'étais comblé quand elle renonçait à une doctrine proscrite par l'Eglise, et qu'elle refusait d'écouter les docteurs astucieux qui l'avaient séduite, la profession plus solennelle que, par la grâce de Dieu, j'ai faite avec mes collègues dans les combats qui ont précédé les grands maux de l'Eglise de France, tout ce que nous avons eu le bonheur de souffrir, par suite de notre fidélité et de notre constance : voilà, M. T. C. F., ce qui contribue beaucoup à entretenir dans mon âme ce calme qui tempère mes frayeurs, à la vue des jugements de Dieu. Mais je serais le plus présomptueux et le plus ingrat des hommes, si je ne l'atttribuais pas à sa miséricorde : *Gratia Dei sum id quod sum.*

17° C'est à cette miséricorde infinie que vous devez votre constance, vous, mes très chers coopérateurs, qui êtes demeurés fidèles dans ces jours de tribulations. C'est par elle que vous avez méprisé les tourments et la mort. J'ai su vos travaux, vos périls, vos souffrances; je les ai partagés; ils ont répandu une douce consolation dans mon âme, au milieu de mes maux; j'en ai béni le Seigneur dans l'effusion de mon cœur; unissez-vous à moi pour le bénir de nouveau : *Qui propria voluntate obtulistis vos discrimini, benedicite Domino.* Heureux d'être les instruments qu'il a choisis pour conserver sa foi parmi son peuple, et pour sauver tant d'âmes qui se seraient perdues, continuez de le servir avec la même fidélité.

18° Si dans la suite cette fidélité était mise à de nouvelles épreuves, si l'esprit de parti tendait de nouveaux pièges à votre religion, ah! je vous en conjure par celui qui doit me juger bientôt, prenez garde de vous laisser tromper par les artifices d'une philosophie, qui se conduit en tout selon l'esprit du monde, et jamais selon l'esprit de J. C. : *Videte ne quis vos decipiat per philosophiam... secundum traditionem hominum et non secundum Christum.* Tenez-vous toujours en garde contre les nouveautés profanes, les formules artificieuses, et la fureur sans cesse renaissante d'exiger de vous des serments ou des promesses : *Devitans profanas vocum novitates.* C'est par leur facilité à tomber dans les pièges que plusieurs de vos confrères ont fait naufrage : *Quam quidam promittentes... exciderunt.*

19° Mais surtout, je vous le recommande de mon lit de mort, et je vous le ferais entendre, si je le pouvais, du fond même de mon tombeau, qu'il n'y ait parmi vous, dans ces conjonctures difficiles, ni schisme, ni faux zèle ; et que, réunis tous ensemble dans vos chefs légitimes, vous soyez alors plus que jamais attentifs à conserver l'unité d'eprit et de conduite, dans les liens de la paix et sous le joug de l'obéissance : *Solliciti servare unitatem spiritus in vinculo pacis.* Une récompense éternelle est réservée dans le ciel à ceux qui auront persévéré jusqu'à la fin. Cette récompense sera d'autant plus grande que l'humilité aura ajouté plus de mérites à vos travaux, et que vous aurez dit avec plus de conviction : *Servi inutiles sumus.* Mais si parmi vous, prêtres du Seigneur qui avez eu le bonheur de confesser la foi de Jésus-Christ, il s'en trouve qui n'ont pas glorifié son nom par les œuvres (j'aime à croire que le nombre en est petit), qu'ils méditent ce que je ne me rappelle pas sans effroi pour moi même, au moment où je vais paraître devant le tribunal d'un Dieu jaloux, de ce Dieu qui juge les justices mêmes. Ce n'est pas assez de n'avoir pas déchiré la robe de Jésus-Christ, nous devons retracer ses vertus dans notre conduite. Qu'ils méditent le terrible anathème prononcé contre les tièdes; qu'ils voient ce qu'ils auraient dû faire et qu'ils n'ont pas fait pour la gloire de Dieu et leur salut; qu'ils se hâtent de sortir d'un état de langueur, qui les conduirait à une mort éternelle, et qu'ils tremblent, comme je tremble moi-même, à la vue du jugement du souverain juge.

20° Que ne puis-je en déployer toute la sévérité devant vous, pour vous la faire éviter? Que ne puis-je vous montrer les dangers et les suites déplorables du refroidissement de cette précieuse et noble charité que le Saint-Esprit reproche à l'évêque d'Éphèse de n'avoir pas conservée soigneusement et de n'avoir pas fait éclater par l'habitude de ses mœurs? Eh! ne nous y trompons pas, M. T. C. F., si le démon ne réussit pas toujours à nous vaincre dans l'ordre de la foi, trop souvent les avantages, que nous avons remportés dans de premiers combats, nous font oublier ce que nous avons à craindre de tant d'autres genres d'attaques, contre lesquelles nous ne sommes pas en garde; et nous sommes quelquefois de grands pécheurs aux yeux de Dieu, tandis que l'opinion des autres nous met au rang des saints martyrs. Sortez donc au plus tôt de cet état qui deviendrait si funeste pour vous ; faites pénitence, et revenez à votre première ferveur : *Age pœnitentiam et prima opera fac.*

21° Si la tiédeur et le relâchement en avaient jeté quelques-uns d'entre vous dans la dissipation, et peut-être conduit à de grandes fautes, je les rappellerais à leur conscience et à la foi. Tout arbre qui ne produit pas de bons fruits doit être coupé et jeté au feu : que sera-ce donc de celui qui n'en porte pas du tout ? Que la crainte que ce malheur n'arrivât à quelqu'un d'entre vous, m'a causé de douleurs ! que j'aurais désiré vous faire entendre ma voix ! Non, vous n'auriez pas été inflexibles aux avis que m'aurait dictés ma tendresse pour vous.

22° Sachez du moins que chaque jour j'exposais vos besoins au Seigneur ; je lui offrais mes peines, que j'unissais à celles de Jésus-Christ, afin d'obtenir votre amendement ; je lui offre encore ma vie pour vous ; j'accepte pour vous l'arrêt de mort qu'il prononce contre moi, et j'espère qu'il m'exaucera enfin, que cette voix, qui sort de mon tombeau, vous touchera efficacement, et que la grâce que je réclame pour vous opérera des fruits de pénitence et de salut. Oui, je l'espère, et j'ai un secret pressentiment que le plus grand nombre d'entre vous consolera mon successeur, et tous vos zélés confrères, par la ferveur d'un retour sincère, et par la persévérance dans la pratique des bonnes œuvres.

23° O vous, autrefois mes collaborateurs, qui conduisiez dans la voie du salut les âmes que je vous avais confiées au nom de l'Église, et qui avez déserté les camps d'Israël, malgré nos réclamations et nos menaces, malgré les décisions solennelles, d'abord des évêques de France, ensuite de l'Église elle-même, vous avez témérairement franchi toutes les bornes, en prêtant un serment impie, qui doit être regardé comme le principe de tous les maux de la religion. Je ne saurais vous exprimer l'excès d'amertume dont vous avez abreuvé mon âme.

24° Vous deviez être les sentinelles vigilantes, occupées à éloigner tout ennemi, tout séducteur de votre troupeau, et vous vous êtes constitués vous-mêmes ses ennemis, ses séducteurs. Vous avez contribué plus que tout autre à le jeter dans le schisme et dans l'hérésie. Par votre conduite et vos discours, vous avez rassuré contre les justes alarmes d'une conscience éclairée, cette portion de fidèles qui avaient été jusqu'alors soutenus par la générosité et la constance des bons pasteurs, et par les instructions que je vous faisais parvenir. Votre exemple a entraîné et confirmé dans l'erreur, non seulement vos ouailles, mais grand nombre de celles des pasteurs voisins. Par votre désertion, la piété s'est éteinte, la charité a disparu, les péchés se sont multipliés, les bénédictions du Ciel ont été détournées de dessus votre troupeau, et vous avez préparé les voies à des crimes dont vous aviez horreur, et que de plus malheureux que vous ont commis souvent en votre présence.

25° Oh! M. T. C. F., que je tremble pour vous, à la vue du jugement redoutable que vous subirez, si vous ne faites pénitence. Hélas! il vaudrait mieux pour celui qui scandalise un seul petit enfant, que dès sa naissance on lui eût attaché une pierre au cou, et qu'on l'eût jeté à la mer. Que sera-ce donc de celui qui en aura scandalisé et perdu un si grand nombre? Écoutez donc la voix de votre évêque, qui ne cessa jamais de vous aimer, même depuis votre chute, et qui, au moment de quitter ce monde, se sent plus touché de compassion pour vous. J'ai demandé à Dieu, dans l'ardeur de mon âme, votre retour à l'unité et à la vérité. Je l'espérais de la bonté de Dieu, et de ce peu de foi qui vous reste encore. Mais puisque vous avez continué d'entretenir cette amertume qui m'accompagne jusqu'au tombeau, de ce tombeau même s'élèvera une voix qui donnera une nouvelle force aux cris de votre conscience.

26° Oui, M. T. C. F., cette voix que vous connaissiez bien avant les maux de notre Église, et que depuis vous avez méprisée avec tant d'obstination, vous reprochera toujours votre désertion et les crimes qui en sont les suites. Elle vous reprochera vos sacrilèges et vos profanations. Quand vous monterez au saint autel, elle vous criera : « Arrêtez, prêtre prévaricateur ; l'Église vous défend d'offrir ce sacrifice redoutable : il vous rendrait plus criminel ; et au lieu des bénédictions, il n'attirerait que des malédictions sur vous et sur les assistants. » Pesez au moins ces premiers mots, par lesquels l'Église a voulu qu'il commençât : *Judica me Deus.*

Quand vous irez au sacré tribunal, cette voix vous criera : « Cessez de vous asseoir sur un tribunal devant lequel il ne vous convient plus de paraître qu'en suppliant, jusqu'à ce que l'Église, par une condescendance charitable, vous ait absous et vous ait permis de reprendre l'exercice des fonctions saintes qu'elle vous a interdites. »

Quand vous monterez dans cette chaire, qui était autrefois une chaire de vérité et dont vous avez fait une chaire de pestilence, cette même voix vous criera : « Gardez-vous d'y monter, apôtre du mensonge ; ou bien que ce soit pour y désavouer vos erreurs, confesser plus authentiquement votre premier crime et exhorter les assistants à vous imiter dans votre pénitence, comme ils vous ont imité dans votre égarement.

27° Au souvenir de vos crimes, vous ne pouvez vous dissimuler que vous avez mérité une grande punition. La sévérité dont l'Eglise usait autrefois envers les grands pécheurs vous effraie; vous n'osez vous ranger parmi les pénitents, dans la crainte de ne pouvoir subir toutes les épreuves par lesquelles on les faisait passer.

28° Eh! M. T. C. F., auriez-vous oublié quelle force un vif repentir donne aux pécheurs, de quoi est capable un cœur vraiment contrit et humilié? Auriez-vous oublié quelle fut, dans tous les temps, l'indulgence de l'Eglise? Sa tendresse sut toujours tempérer la sévérité de ses canons pénitentiaux, par une condescendance proportionnée à la faiblessse de ses enfants. Jamais elle n'exigea au-dessus de leurs forces. Faites-en l'épreuve vous-même et jugez du calme et du bonheur dont vous jouirez quand vous l'aurez fait, par l'exemple du grand nombre de ceux qui ont déjà eu le courage de le faire.

Rendez-vous à ses tendres invitations ; elle vous offre le pardon, elle vous prie, elle vous conjure de travailler à le mériter. Cessez l'exercice de vos fonctions, qui ne sont que des sacrilèges ; faite-lui l'aveu de vos crimes ; donnez-lui des marques d'un sincère repentir et je vous assure qu'elle vous recevra avec toute l'affection d'une mère tendre. Son indulgence s'étendra aussi loin que votre faiblesse et vos besoins l'exigeront.

29° Courage donc, M. T. C. F., hâtez-vous de tarir la source des larmes que l'Eglise répand sur vous. Quoique votre désertion ait eu des suites si funestes, vous pouvez encore par la grâce de Dieu, les réparer en tout ou en partie. Vous pouvez et je vous y exhorte avec toute l'affection que je n'ai jamais cessé d'avoir pour vous, vous pouvez, comme tant d'autres peut-être plus coupables que vous, justifier la remarque de saint Grégoire, pape, sur ces pécheurs dont la pénitence réjouit le ciel, plus que la persévérance de certains justes. « Pénétrés de la plus vive douleur, dit ce Père, on les voit, enflammés d'amour de Dieu, s'exercer à la pratique des vertus les plus sublimes, se porter avec ardeur à tout ce qu'il y a de plus difficile dans la guerre qu'ils ont à soutenir. Ils abandonnent tout ce qui est du monde, fuient les honneurs, se réjouissent des outrages, brûlent d'un saint zèle, soupirent sans cesse après le ciel, et, n'oubliant jamais qu'ils ont eu le malheur de s'éloigner de Dieu, ils s'efforcent de réparer par de nouveaux travaux, les pertes qu'ils ont faites. » C'est ainsi, M. T. C. F., que vous réjouirez le ciel plus que ceux de vos frères qui n'auraient pas commis les mêmes crimes que vous, mais qui n'opèreraient pas ensuite les mêmes bonnes œuvres et ne pratiqueraient pas les mêmes vertus.

30° Et vous, à qui je donnai autrefois des marques de ma confiance, et qui avez eu la témérité de vous asseoir sur mon siège, je vous ai fait entendre la voix de l'Église, qui, s'exprimant par son chef, vous reprochait votre usurpation, vous menaçait de ses anathèmes, et vous invitait à une sérieuse pénitence. Je m'unissais au pasteur des pasteurs, pour vous rappeler les lois que vous transgressiez ; et en vous exposant les maux que vous alliez faire à mes ouailles, je vous conjurais, par le sang de Jésus-Christ, de les épargner. Hélas ! mes alarmes n'ont été que trop justifiées. Voyez les ravages affreux que vous avez fait parmi elles. Je vais paraître devant le Souverain Juge qui me les a confiées ; et je tremble à la pensée du compte terrible qu'il va m'en demander. Vous paraîtrez bientôt après moi devant son tribunal ; peut-être y paraîtrons-nous ensemble et dans ce moment y serez-vous moins effrayé que moi, vous, mon cher frère, qui malgré le cri de votre conscience, malgré la défense formelle de l'Eglise, contre tout principe, contre toute loi, avez élevé autel contre autel ?

31° Y serez-vous moins effrayés, vous qui avez suivi dans sa révolte contre l'Eglise ce faux pasteur que vous deviez éviter, et auquel l'apôtre de la charité vous défendait de donner même le salut : *Nec ave ei dixeritis ?* Ce ne sera plus le temps de recourir à ces vaines subtilités, par lesquelles vous cherchiez à vous faire illusion à vous-mêmes, pour séduire les simples avec moins d'importunité de la part de votre conscience. Dans ce moment vous verrez que Dieu a réprouvé vos sacrifices, et que toutes vos fonctions étaient abominables à ses yeux. Ah ! écoutez pour la dernière fois votre évêque légitime. C'est peut-être le dernier avertissement que le Ciel vous adresse. Si Dieu ne vous punit pas, comme autrefois Coré, Dathan et Abiron, c'est pour vous donner le temps de faire pénitence, et de ramener par votre exemple ceux que vous avez séduits.

32° Je ne me sens pas la force de parler à ces

prêtres apostats qui ont contracté des alliances aussi monstrueuses que criminelles, à ceux qui ont commis des abominations et des cruautés de tout genre ; l'excès de leurs crimes m'impose silence, j'y suis trop sensible et je ne trouverais pas d'expressions pour rendre toute ma douleur. Il me suffit de leur dire que les mérites de Jésus-Christ sont infinis ; il est mort pour tous les hommes, il a confié à son Eglise le pouvoir de remettre tous les péchés, quelle que soit leur énormité. Dans tous les siècles on a vu et l'on voit encore aujourd'hui de grands pécheurs, surchargés des crimes les plus abominables, édifier autant les fidèles par la ferveur et l'austérité de leur pénitence, qu'ils les avaient fait frémir par leurs désordres révoltants : *Ubi abundavit delictum, superabundavit gratia*. Ils n'ont pas besoin qu'on leur rappelle ces paroles de saint Cyprien : *Pœnitentia crimine minor non sit*.

33° Les consolations que j'ai reçues de vous, épouses fidèles de Jésus-Chrit, me font un devoir de vous témoigner toute ma satisfaction. Au milieu de mes tribulations de tout genre, j'aimais à me rappeler votre fidélité et votre constance dans vos maux. Vous ne voulûtes jamais participer à aucune abomination ; vous eûtes horreur de la liberté impie qu'on vous offrait et il fallut qu'on vous arrachât de vos pieux asiles, pour vous faire rentrer dans un monde que vous aviez voulu fuir pour toujours. Au milieu de ce monde devenu plus corrompu, environnées de nouveaux dangers, vous avez conservé votre cœur pur aux yeux du Seigneur. Bénissez-le avec moi de cette grâce. Continuez de donner les mêmes exemples de patience, de douceur, de désintéressement et de résignation ; qu'une profonde humilité soit toujours la gardienne comme le fondement de vos vertus ; que la sainte charité les ennoblisse et les vivifie toutes. Continuez de gémir sur les maux de l'Église, et de vous attendrir sur le triste sort de nos frères errants. Continuez de prier pour eux aussi bien que pour les fidèles ; offrez au Seigneur, pour eux, toutes vos peines et vos tribulations. Qui sait si vos prières, réunies à celles de tant de fervents chrétiens de tout état, ne fléchiront pas sa colère ?

34° Vous fûtes toujours un objet essentiel de ma sollicitude, pères et mères, et vous tous qui êtes chargés par état de l'éducation des enfants. Je voudrais, en ce moment, vous faire sentir plus que jamais tous les avantages de la religion sainte que nous avons le bonheur de professer. Elle seule nous donne cette force.qui nous soutient dans les circonstances les plus affligeantes; elle change même en douceur les amertumes de la vie ; elle nous conduit à l'éternité bienheureuse. Puissiez-vous, M. T. C. F., être bien pénétrés de ces vérités, afin de les faire mieux aimer à vos enfants ; c'est le plus riche héritage que vous puissiez leur laisser.

35° Plusieurs d'entre eux, il est vrai, ne goûteront pas toujours vos leçons, mais vos exemples feront sur leur esprit des impressions salutaires qui ne s'effaceront pas, et ils contracteront l'habitude de vous imiter. Inspirez-leur une vive horreur du vice, une haute estime de la vertu, un profond respect pour tout ce qui a rapport à la religion. Apprenez-leur de bonne heure à en remplir les devoirs ; ils les aimeront s'ils fréquentent les sacrements dans de saintes dispositions. Faites-leur sentir tout le prix du témoignage d'une bonne conscience ; accoutumez-les à ne jamais agir contre les lumières de ce censeur inexorable ; surtout éloignez d'eux tout ce qui pourrait ravir leur innocence. Plus le siècle est corrompu, plus vous devez les prémunir, autant que le comportent leur âge et leurs dispositions contre les artifices de l'impiété et de l'erreur, et contre les pièges du libertinage. N'oubliez pas qu'en vous les confiant, comme un dépôt précieux, Dieu vous imposa de grandes obligations envers eux. Il vous en demandera compte, vous lui en répondrez âme pour âme. Malheur à vous, si, par votre faute, quelques-uns se perdaient éternellement. Quels regrets pour vous au dernier jour, si, en leur procurant les richesses et les honneurs d'ici-bas, vous aviez compromis le salut de leur âme ! Oh ! M. T. C. F., dans ce moment vous comprendrez combien les pensées de Dieu sont éloignées de celles des hommes. Alors vous vous reprocherez amèrement ces légèretés, ces négligences, ces omissions, qui vous auront paru peu importantes et qui auront eu cependant des suites si funestes.

36° Je ne saurais donc trop vous le répéter, M. T. C. F., qui êtes chargés de l'éducation des enfants, transportez-vous souvent au dernier instant de votre vie pour juger sainement de l'étendue de vos devoirs, et pour connaître si vous les remplissez avec l'exactitude que Dieu demande de vous.

37° Et vous, tendres enfants, qui peut-être désirez avec ardeur, ou du moins, qui auriez tant de besoin que quelqu'un vous donnât le pain de la parole de Dieu, et qui ne trouvez personne qui veuille vous le rompre, cœurs innocents, que le Seigneur qui vous a adoptés pour ses enfants dans le saint baptême, vous fasse parvenir à la connaissance de Jésus-Christ, son Fils, dont vous êtes devenus les frères et les cohéritiers ; qu'il veille sur votre innocence, et la préserve des scandales qui vous environnent, comme il préserva les jeunes Israélites des flammes de la fournaise ardente ! A l'imitation du jeune Tobie, si vous ne pouvez allez adorer le Dieu de vos pères, que l'on vous instruise à élever vers lui vos mains et vos cœurs. Puissiez-vous croître en sagesse et en grâce devant Dieu et devant les hommes, afin que, parvenus à l'âge parfait, vous exprimiez dans vos mœurs la plénitude de la sagesse et des vertus de Jésus-Christ, et que vous consoliez l'Église des maux qu'elle aura soufferts, et des pertes qu'elle aura faites ?

38° Au moment de vous quitter, M. T. C. F., et chéris diocésains, pour ne plus vous revoir que dans l'éternité, je sens augmenter mon affection pour vous (1). Hélas ! mes alarmes en deviennent plus vives à cause des dangers auxquels je vous laisse exposés. L'apôtre Saint-Paul, avant de se séparer des fidèles de l'Asie-Mineure, prévenait le

(1) Effectivement il ne parlait jamais de ses chers diocésains sans éprouver les émotions de la tendresse la plus vive. *Note du secrétaire.*

clergé et les principaux de l'église d'Éphèse, qu'après son départ, des loups ravisseurs viendraient parmi eux, et n'épargneraient pas le troupeau. Des ennemis aussi furieux sont venus parmi vous, M. T. C. F., vous avez vu par quelle doctrine perverse ils ont séduit les simples, et en ont fait leurs disciples. Grace à la miséricorde divine, leurs efforts ont été inutiles auprès de vous. Mais quand le Seigneur m'aura retiré de ce monde, vous les verrez faire de nouvelles tentatives, pour vous attirer à eux.

39° « Il ne peut y avoir de diocèse sans évêque, vous diront-ils, et puisque Dieu vient d'appeler à lui celui de Clermont, ceux des fidèles de ce diocèse qui ont refusé jusqu'à présent de reconnaître pour légitime pasteur l'évêque constitutionnel, ne peuvent plus alléguer le moindre prétexte pour motiver leur refus. Par la mort de l'ancien, le nouveau devient de plein droit son successeur. Si son élection avait eu quelque irrégularité, le besoin que l'on a de son ministère, et les motifs de charité qui l'animent, doivent nous faire passer par dessus le défaut de quelques formalités peu essentielles ».

40° Gardez-vous bien, M. T. C. F., de croire une erreur aussi grossière en elle-même que funeste dans ses conséquences. L'avez-vous jamais entendu dire, que la mort d'un père de famille puisse légitimer l'injuste détention du patrimoine de ses enfants? Et quel homme oserait présenter en justice un titre aussi inique, pour garder entre ses mains un héritage aussi mal acquis? Je dois donc vous le dire, et mes fidèles coopérateurs auront soin de vous le répéter après moi : ma mort rendra mon siège vacant, mais elle ne légitimera pas la puissance qui l'usurpa. Elle fera que vous serez sans évêque titulaire, mais elle ne saurait faire que celui qui était un intrus de mon vivant, devienne mon successeur légitime; elle n'empêchera pas qu'il ne soit un de ces pasteurs que Jésus-Christ nous recommande d'éviter avec soin.

41° Je ne vous répéterai point les instructions que je vous fis parvenir sur cet objet, à différentes époques; je me contente de vous exhorter à les lire de nouveau, et de vous faire observer à quel excès d'impiété se portent les novateurs obstinés.

42° Notre divin Sauveur nous ordonne d'écouter l'Eglise comme lui-même; il nous assure qu'il l'assistera tous les jours jusqu'à la consommation des siècles, et que jamais les portes de l'enfer ne prévaudront contre elle, et malgré un ordre si précis, malgré des promesses si formelles, ces faux prophètes et leurs disciples ne craignent point de désobéir à une autorité si importante. A l'Église seule appartient le droit de donner aux fidèles des pasteurs légitimes, et de porter des lois sur la hiérarchie sacrée. Transgresser ces lois, pour parvenir au sacerdoce ou à l'épiscopat, et s'emparer d'un troupeau qu'elle n'a pas confié, voilà, M. T. C. F., ce que notre divin Sauveur appelle entrer furtivement dans le bercail, ne pas y entrer par la porte, mais y venir d'ailleurs. Voilà une des marques auxquelles il veut que nous connaissions les faux pasteurs; et cependant ces marques si essentielles d'irrégularité et d'intrusion, il plaît aux novateurs de les appeler des formalités peu importantes.

43° Ils prétextent le prétendu besoin que l'on a du ministère de l'évêque constitutionnel; mais puisqu'il l'a usurpé et qu'il l'exerce contre la défense de l'Église et en bravant ses menaces, il est évident que ce ministère est un ministère de mort, ainsi que je l'ai enseigné, de concert avec le Souverain Pontife, qui condamnait si hautement ces transgressions et ces usurpations sacrilèges; et néanmoins ils n'ont pas honte de vous présenter comme des effets de la charité ces transgressions et ces usurpations qui ne sauraient être que le fruit de l'ambition ou de l'ignorance, ou de quelque autre vice non moins dangereux.

44° Vous continuerez donc, M. T. C. F., d'éviter comme des loups ravissants celui qui s'est emparé de mon siège, et tous ceux qui l'ont suivi dans sa révolte. Vous éviterez avec le même soin tous ceux qui viendraient après eux avec les mêmes titres ou qui n'en auraient pas de meilleurs. Vous ne reconnaîtrez pour vos pasteurs légitimes, que les administrateurs qui vous seront envoyés par celui qui, dans les tristes conjonctures où vous vous trouvez, devient par ma mort votre premier pasteur, selon les dispositions de l'Eglise.

45° Cette bonne mère, toujours dirigée par le Saint-Esprit, a statué qu'après la mort d'un évêque, le chapitre cathédral nommerait un ou plusieurs vicaires qui administreraient le diocèse jusqu'à ce qu'il plaise à la divine Providence de donner à l'évêque défunt un successeur légitime. Dans le cas où le chapitre cathédral ne pourrait pas remplir l'obligation que l'Eglise lui impose, le métropolitain doit venir au secours de ce diocèse et lui donner des administrateurs. Si le Seigneur appelle à lui le métropolitain lui-même, **le plus ancien évêque de la province est obligé** de prendre soin de ce diocèse et des autres de la même province qui seraient alors sans évêque titulaire.

46° Par ces dispositions faites au saint concile de Trente, qui ont force de loi dans toute l'Eglise catholique et que le saint Pontife a renouvelées et mises à exécution dans son bref du 26 septembre 1791 aux évêques de France, les diocèses privés de leur évêque titulaire ne se trouvent jamais sans évêque ou administrateurs dans la sainte hiérarchie. (Dans ces cas, la juridiction spirituelle, nécessaire pour la validité des actes d'administration, est dévolue au chapitre cathédral, quand il peut remplir ses obligations à cet égard; et quand il ne peut pas, l'Eglise la donne tout entière au métropolitain et à son défaut au plus ancien des évêques de la province, qui doit la déléguer à ceux qu'il choisit pour administrer l'Eglise en viduité.)

47° D'après des dispositions aussi sages, Monseigneur Jean-Auguste de Chastenet de Puiségur, en sa qualité d'archevêque de Bourges, vu l'impossibilité où se trouve le chapitre cathédral de Clermont de remplir les obligations que l'Eglise lui impose pendant la vacance de mon siège, devra prendre soin de mon diocèse; et ne doutez pas, M. T. C. F., que ce vénérable Pontife ne vienne à votre secours avec cette charité, ce zèle et cette sagesse qui le distinguent et qui méritent votre reconnaissance. J'ai pris des précautions pour qu'il soit instruit promptement du jour de mon décès. C'est lui qui vous l'annoncera, en désignant ceux qu'il aura choisis dans sa sagesse pour gouverner le diocèse après moi.

48° Vous les recevrez avec confiance, M. T. C. F., ces administrateurs, qui vous seront envoyés par votre Métropolitain, conformément aux canons de l'Église. Vous leur obéirez avec docilité, en tout ce qui est dans l'ordre de la religion; par eux vous serez en communion avec le saint Pontife, qui communie avec le Prélat qui vous les envoie; et par cette communion réciproque, vous continuerez d'être en communion avec toute l'Église catholique.

49° Je ne dois pas omettre ici de proposer à votre admiration et à votre reconnaissance les soins de la Providence de Dieu sur son Église. La mort de Pie VI, de ce pontife que l'Esprit-Saint avait établi pour être l'organe de la sagesse et le modèle de ces temps difficiles, dont les dernières souffrances présentent à notre souvenir un intérêt si touchant, et dont la mémoire sera toujours une bénédiction dans l'Église : oui cette mort nous avait consternés, et c'était une tribulation qui aggravait toutes les autres. Nous attendions avec une sorte d'inquiétude les desseins de Dieu ; nous redoutions un jugement plus sévère, une épreuve plus douloureuse pour la foi. Ah ! bénissons, M. T. C. F., la miséricorde de Dieu ; bénissons-la mille fois, bénissons-la tous les jours. Notre deuil était profond, notre consolation est grande ; l'Église est pourvue d'un chef visible, et Pie VII est un digne successeur des apôtres. Unissez vos actions de grâces aux miennes, et espérons tout du zèle de ce Pontife, selon le cœur de Dieu (1),

50° Maintenant il ne me reste plus, M. T. C. F., qu'à *vous recommander à Dieu et à la parole de sa grâce, à celui qui peut achever l'édifice* que nous avons commencé et *vous donner part à son héritage avec ses saints*. Je lui expose *vos besoins ; je le conjure de vous conserver dans la vraie foi,*

(1) Les intérêts de son diocèse lui étaient si chers, que non seulement il s'en occupait continuellement pendant sa maladie, mais qu'il avait encore pris toutes les précautions possibles, pour que les secours spirituels ne lui manquassent pas après sa mort ; et six semaines avant son décès, il avait prié un ecclésiastique, qui a la confiance de Monseigneur l'archevêque de Bourges, d'écrire à ce prélat, pour lui annoncer que sa fin était très prochaine, pour lui recommander ses chers diocésains, et lui donner les renseignements qu'il croyait nécessaires dans les circonstances actuelles. *Note du secrétaire.*

et de la rendre à ceux qui ont eu le malheur de la perdre. Qu'il vous remplisse d'une entière confiance en sa bonté infinie; qu'il enflamme d'un amour ardent vos cœurs, qu'il n'a créés que pour lui seul, et qui ne peuvent trouver de véritable bonheur que dans lui seul. Je lui demande pour vous un zèle ardent et éclairé pour tout ce qui lui appartient, une obéissance filiale, comme elle est de devoir, au saint Pontife et au premier pasteur dans tout ce qui a rapport à la foi et aux mœurs ; qu'il vous inspire un grand respect pour ses ministres fidèles, un éloignement décidé pour tous les faux pasteurs, une vive horreur pour toutes ces productions infâmes, qui ne sont propres qu'à éteindre la piété et à corrompre la foi et les mœurs ; qu'en vous faisant détester le péché, il vous inspire cette charitable commisération, qui plaint le coupable, et le soulage autant que la prudence le permet. Que l'ensemble de votre conduite prouve que vous êtes vraiment les frères adoptifs et les sincères imitateurs de celui qui a dit : *L'on connaîtra que vous êtes mes disciples à la charité que vous aurez les uns envers les autres.*

51° N'en doutez pas, M. T. C. F., plus les sentiments de cette précieuse vertu seront vifs dans vous, plus il vous sera facile de remplir tous vos autres devoirs. L'oubli des injures, le pardon des ennemis ne coûteront plus à votre cœur ; vous aimerez dans Jésus-Christ tous

# N° 3

## LETTRE DE MGR DE RUFFO

### AUX ÉLECTEURS DU CANTAL.

*A Messieurs,*
*Messieurs les électeurs du département du Cantal,*

Messieurs,

Au moment où vous êtes assemblés pour élire un évêque, pourrais-je, sans me rendre coupable aux yeux de Dieu, sans m'exposer aux reproches amers que vous me feriez un jour, ne pas chercher à vous éclairer sur l'importance de la démarche que vous allez faire et sur les dangereuses conséquences qu'elle peut entraîner? Mon silence vous deviendrait aussi funeste qu'à moi-même. Ministre de Jésus-Christ, successeur des apôtres, aucun péril, aucun danger ne doit m'arrêter, quand il s'agit de vos intérêts les plus chers et les plus précieux.

Devant répondre de votre salut au jour terrible des jugements, je ne dois négliger aucun des moyens que je crois propres à vous le procurer. Malheur à moi, si redoutant davantage la colère des hommes que celle de Dieu, devant lequel nous devons tous comparaître pour recevoir la récompense ou la punition des actions de notre vie, malheur à moi, dis-je, si des considérations humaines m'engageaient à trahir mon ministère ! Non, Messieurs, quand il s'agit de votre bonheur ou de votre malheur éternel, aucun sacrifice ne doit me coûter ; celui de ma vie même ne serait pas trop grand.

Un des devoirs d'un bon pasteur, disait Jésus-Christ à ses apôtres, est de donner sa vie pour son troupeau : je voudrais donner la mienne pour vous ; et j'espère que Dieu, sans le secours duquel nous ne pouvons rien, me donnera la force de la sacrifier, si cela est nécessaire à votre salut.

Animé de ce saint zèle, je vais vous parler avec toute la fermeté que doivent m'inspirer, et le caractère auguste dont je suis revêtu, et la mission toute divine que j'ai à remplir auprès de vous.

Avez-vous le droit d'élire un évêque ? Si vous avez ce droit, devez-vous en élire un pour un siège qui n'est pas vacant ? De quels maux affligeants votre élection deviendrait-elle la source et l'origine, si vous veniez à la consommer ?

Telles sont, Messieurs, les trois questions que

vous devez vous poser avant de procéder à cette élection ; de leur décision dépend effectivement la légitimité ou l'illégitimité de la démarche à laquelle on veut vous forcer ; il est de mon devoir de vous en démontrer les inconvénients et les suites ; c'est ce que je vais entreprendre.

On ne peut sans refuser de reconnaître l'autorité toute spirituelle que Jésus-Christ a confiée à son Église, et qu'elle seule a le droit d'exercer, nier qu'elle seule aussi peut et doit choisir ses ministres, qu'elle envoie, au nom de son divin fondateur, pour instruire et confirmer dans la foi les hommes qu'il a rachetés par l'effusion de son sang.

Je n'ignore pas que, dans ces derniers temps, on a élevé des doutes, et on a cherché à envelopper de nuages une question si claire, si simple aux yeux de tous ceux qui, cherchant des lumières de bonne foi, ont consulté les anciens monuments de l'histoire de l'Église et ceux de la tradition. On s'est efforcé de prouver que le nouveau mode d'élection qu'on veut introduire, est celui des premiers siècles : il est cependant bien certain que les fidèles ne concouraient, dans ces premiers temps, à l'élévation des premiers pasteurs, que par le témoignage qu'ils rendaient au mérite, aux lumières et aux vertus de ceux qu'ils croyaient dignes d'occuper ces places importantes. Les évêques de la province, chargés seuls de pourvoir d'un nouveau Pasteur l'Église qui était devenue veuve, restaient toujours absolument libres sur le choix de celui qu'ils croyaient le plus digne ; le suffrage du peuple influait, à la vérité, sur le choix, mais ne le forçait pas.

Aujourd'hui, au contraire, le clergé, qui seul aurait droit de pourvoir aux places vacantes, est en quelque sorte exclu des élections, n'y étant pas nécessairement appelé par la nouvelle loi. Si par hasard quelques-uns de ses membres s'y trouvent appelés, ce n'est point au nom de l'Église, c'est au nom de la puissance civile et temporelle. La seule qualité de citoyen actif suffit pour être admis aux assemblées électorales, et cette qualité n'a été admise et exigée que pour ceux qui voudraient participer à l'administration temporelle de l'empire.

Vous apercevez déjà, Messieurs, la grande différence qui existe entre les élections actuelles et celles des premiers siècles. Ainsi, en supposant que le choix des ministres de Jésus-Christ eût entièrement été abandonné aux fidèles, erreur également proscrite et par les Conciles et par les Pères, il n'en serait pas moins vrai de dire qu'on s'est étrangement trompé en prétendant

et que les évêques n'avaient que celui de confirmer l'élection de ceux qu'ils leur présentaient, je vous demanderais qui leur avait accordé ce droit? Est-ce l'Eglise? Est-ce la puissance temporelle? Il serait sans doute impossible de prouver que ce droit, ils ne le tenaient pas de l'Eglise à qui Jésus-Christ en a confié l'exercice en lui permettant de le transmettre à d'autres quand elle le jugerait utile et convenable. Nier qu'elle a pu le leur retirer quand elle y a reconnu des abus, que c'est elle, elle seule qui a changé et pu changer ce point de discipline, ce serait avancer une proposition démentie par tous les monuments de l'histoire sainte. A elle seule est donc réservé le droit d'examiner si le bien général du monde chrétien demande qu'elle leur accorde un droit dont ils n'ont jamais joui dans toute l'étendue qu'on veut lui attribuer aujourd'hui. Elle n'a cependant pas été consultée, et malgré tous les efforts que nous avons faits pour obtenir qu'elle le fût, nous n'avons pu y réussir; toutes nos instances à cet égard ont été inutiles.

Si l'Eglise ne doit pas entreprendre sur l'autorité temporelle, cette dernière ne doit pas entreprendre non plus sur la sienne. Ce sont deux gouvernements absolument distincts et séparés, dont Dieu lui-même a fixé les bornes qu'il n'est permis ni à l'un ni à l'autre d'outrepasser. C'est une vérité à laquelle tout le monde doit se faire un devoir de rendre hommage.

Pourriez-vous maintenant prétendre que la puissance spirituelle vous ait transmis ses droits, et qu'elle vous a autorisés à les exercer à sa place ? Non sans doute : il n'est que trop évident qu'elle n'a rien prononcé sur un changement de cette importance. Vous n'avez donc pas le droit d'élire un évêque.

Quand j'ai accepté le gouvernement du diocèse de Saint-Flour, j'ai contracté avec cette Église une union spirituelle, dont les liens ne peuvent être rompus que par ma mort, une démission libre et volontaire, acceptée par l'Église, qui m'a confié une partie des pouvoirs qu'elle tient de Jésus-Christ, ou par un jugement canonique, qui me déclarerait indigne d'exercer mon ministère. Il n'est point intervenu de jugement ; je n'ai point donné ma démission ; vous devez donc toujours me regarder comme le légitime Pasteur du diocèse ; vous ne devez donc pas me donner un successeur, quand je vous déclare formellement que mon intention, que mon désir est de consacrer mes jours à travailler à votre santification. C'est mon devoir, c'est un devoir très cher à mon cœur : je ne désire point me séparer de mon troupeau, et j'ose espérer que vous me rendrez encore assez de justice pour, au moment même où vous entreprendriez de dissoudre l'union spirituelle qui m'a conféré le titre glorieux de votre père en Dieu, avouer que, depuis l'instant que je vous ai adoptés, vous avez été le plus tendre et le plus cher objet de mes sollicitudes.

Pourquoi donc voudriez-vous vous séparer de moi ? Quel crime ai-je commis pour mériter de perdre la confiance que vous m'aviez toujours témoignée, et que j'ai toujours été si jaloux de conserver ?

Serait-ce parce que je me suis refusé à prêter un serment auquel la religion et la conscience me défendaient de souscrire, un serment si contraire à celui que j'ai prononcé en recevant l'onction sainte, qui m'a conféré la plénitude du sacerdoce, et m'a rendu dépositaire de l'autorité que Jésus-Christ a laissée à ses apôtres et à leurs successeurs légitimes ?

Ah ! Messieurs, que ne puis-je vous peindre la cruelle alternative où je me suis trouvé lorsqu'on l'a exigé de moi, ce serment ! Placé entre la crainte de me rendre criminel aux yeux du Souverain Juge et celle de me voir exposé à être regardé comme ennemi des lois, peut-être comme perturbateur du repos public, quels violents combats n'ai-je pas eu à soutenir ! Avec la grâce de Dieu, j'en suis sorti victorieux ; et je n'aurai pas à me reprocher toute ma vie et encore au moment où nous comparaîtrons tous devant ce tribunal terrible où toutes nos actions seront pesées et discutées par le Juste des justes, d'avoir préféré des avantages et des biens fragiles et temporels aux récompenses éternelles qui sont promises à ceux qui ne se seront pas écartés des voies de la justice.

L'avenir s'est souvent ouvert devant mes yeux et m'a laissé apercevoir toutes les horreurs de la position où je vais me trouver, ainsi que les maux de tout genre qui vont ravager mon troupeau, pour lequel, je vous l'ai déjà dit, je voudrais pouvoir donner ma vie. Quelle tendre satisfaction pour mon cœur, si, en obéissant à la loi, j'avais pu les détourner de dessus lui ! Pourquoi faut-il que ma résistance, qui n'a d'autre motif que de lui conserver dans toute son intégrité, dans toute sa pureté, la religion de ses pères et la vôtre, cette religion sainte, qui fait la plus douce consolation et le plus doux espoir de ceux qui sont dans l'adversité, comme de ceux qui sont dans la prospérité, pourquoi faut-il, dis-je, que cette résistance l'expose à la triste et cruelle incertitude de ne plus savoir quel pasteur il doit reconnaître !

C'est cependant ce qui arriverait infailliblement, si, pendant que je suis encore assis sur la chaire de Saint-Flour, vous vouliez m'en faire descendre malgré moi, pour y placer un autre. Il y aurait alors deux pasteurs, l'un légitime, et l'autre ne serait qu'un intrus. Si les fidèles, méconnaissant l'autorité du premier, abandonnaient sa communion, qui est celle de l'Eglise catholique, hors de laquelle il n'y a point de salut, n'auraient-ils pas à vous reprocher un jour de les avoir induits en erreur? Ne vous trouveriez-vous pas chargés, devant Dieu, des fautes dans lesquelles cette erreur aurait pu les entraîner; ma mission est la véritable, je la tiens de Jésus-Christ même, elle m'a été transmise par l'Eglise, comme il l'avait transmise lui-même à ses apôtres; elle seule peut m'en dépouiller et dissoudre les liens et l'union spirituelle qui m'attachent à mon siège.

Vainement prétendriez-vous que l'autorité civile vous a donné le droit de me l'enlever? Incompétente pour me la donner, elle l'est également pour m'en priver. L'autorité dont j'ai été revêtu, lorsque j'ai été appelé au gouvernement de mon diocèse est une autorité toute spirituelle et l'Assemblée Nationale a souvent répété que son intention n'avait jamais été d'entreprendre sur le spirituel.

Vainement prétendriez-vous encore que ma démission est présumée par mon refus de prêter le serment. Cette présomption, quand elle serait aussi réelle qu'elle est peu fondée, ne vous autoriserait pas à me donner un successeur. Il est inouï jusqu'à nos jours, qu'on se soit cru en droit de déposséder un évêque sans un jugement préalable ; on n'en trouverait pas un exemple dans les fastes de l'Eglise. Nous connaissons, à la vérité, plusieurs évêques qui ont été déposés, même injustement ; mais leurs ennemis et leurs persécuteurs, quoique revêtus de la puissance souveraine, n'ont jamais entrepris de les déposer par un simple acte d'autorité. Toujours ils leur ont supposé des crimes, toujours ils ont cherché à déguiser et à pallier leur injustice aux yeux des hommes, en employant. pour les faire juger, les formes adoptées et prescrites par l'Eglise. Toujours, ils assemblaient des Conciles où ils avaient grand soin, à la vérité, de n'appeler que des évêques qu'ils croyaient être de leur sentiment. Le jugement qu'on portait était injuste ; mais il y avait un jugement. Qui ne serait effrayé de voir aujourd'hui l'Eglise de France, privée, presque au même instant, du plus grand nombre de ses pasteurs légitimes, sans apparence de crime et sans qu'il soit intervenu aucun jugement qui les ait condamnés !

Jusqu'à présent, il n'y en a aucun de rendu contre moi, je suis donc encore en possession de tous les droits que j'ai reçus au moment de mon institution canonique et de mon sacre ; je suis et serai toujours, à moins que l'Église ne prononce le contraire, votre légitime pasteur. Vous ne devez donc, ni ne pouvez me donner un successeur, vous ne voulez pas, sans doute, introduire un faux pasteur dans la bergerie ; et ce serait l'y introduire

Le schisme, Messieurs, est une des plus grandes plaies qui puissent affliger l'Église. Vous seriez effrayés si vous pensiez que l'élection, à laquelle vous êtes appelés, va l'introduire dans l'Église de Saint-Flour ; ne vous faites donc pas illusion à vous-mêmes, et pesez avec la plus sérieuse attention les suites et les conséquences vraiment affligeantes de cette élection.

L'évêque que vous allez élire ne recevra pas sa mission de l'Église, il n'entrera pas dans la bergerie par la véritable porte, il ne sera pas, comme le dit Jésus-Christ à ses apôtres, le véritable pasteur.

Sans pouvoirs, sans autorité, il se trouve chargé de tous les anathèmes que l'Eglise a déjà prononcées contre les intrus, au moment même où, élevant autel contre autel, il voudra usurper et envahir la puissance dont le dépôt a été remis entre mes mains ; il commettra, pour me servir des expressions des Pères, un véritable adultère, s'il prétend rompre, malgré moi, l'alliance spirituelle que j'ai contractée avec mon épouse, terme qu'ils emploient souvent pour mieux caractériser la force d'un lien qui unit un évêque à son Eglise ; je ne me permettrai pas de lui donner ici les noms dont ils se servent, à l'exemple de Jésus-Christ lui-même : *Qui non intrat per ostium in ovile ovium sed ascendit aliunde, ille fur est et latro.*

Ce serait déjà un grand malheur pour vous si vous participiez à un tel crime ; et comment n'y participeriez-vous pas puisque vous en seriez les premiers auteurs ? Mais ce mal, déjà si grand, serait suivi de bien d'autres.

Ou les fidèles, confiés jusqu'à présent à mes soins, continueront à reconnaître mon autorité, qui, je ne puis trop souvent le répéter, est et sera la seule légitime, tant que l'Eglise ne m'aura pas déchargé de mes obligations ; ou l'abandonnant, ils auront recours à l'autorité de celui qui aura occupé ma place : s'ils viennent à reconnaître la sienne, dès ce moment ils seront séparés de la communion de l'Eglise catholique, dont le faux pasteur ne tiendra pas la mission ; les actes de juridiction qu'il fera, les sacrements qu'il administrera, ceux qui seront administrés par des personnes qui n'auront de pouvoir que de lui, seront nuls. Bien loin de puiser dans ces sacrements les grâces qu'ils doivent en attendre, lorsqu'ils y participent avec les dispositions requises, les fidèles n'y trouveront que des principes de mort ; leur salut serait dans le danger le plus imminent ; et leur perte éternelle, s'ils mouraient dans ces sentiments, serait assurée, parce qu'ils se seraient soustraits à l'autorité de l'Eglise, qui n'est autre que celle de Jésus-Christ.

C'est avec un cœur plongé dans la douleur la plus amère, et qui prévoit des maux dont il lui serait bien doux de vous préserver, que je vous remets ces vérités sous les yeux ; elles ne doivent pas vous être étrangères, pour que vous soyez instruits des premiers principes de votre religion.

Jésus-Christ, en établissant son Eglise, a posé ses fondements sur des bases inébranlables, qu'il ne nous est pas permis de chercher à détruire. Il nous a désigné saint Pierre et ses successeurs comme ses vicaires sur la terre ; il leur a accordé non seulement une primauté d'honneur, mais encore une primauté de juridiction sur toutes les églises du monde chrétien ; nous ne pouvons donc nous séparer de la Chaire romaine, sans rompre l'unité de l'Église, et sans devenir schismatiques. Vous la rompriez, autant qu'il est en vous, cette unité, si vous vouliez, sans avoir attendu qu'elle se soit fait entendre par son chef visible, substituer au Pasteur qu'elle vous a donné, un pasteur qui ne serait pas selon le cœur de Dieu.

Ah ! Messieurs, je vous en conjure au nom de la patrie, au nom de la religion qui est ce que vous devez avoir de plus cher, puisqu'elle seule peut vous procurer des biens éternels, renoncez à un projet qui vous laisserait des remords bien cruels et bien déchirants ; n'entreprenez pas de séparer ce que Dieu même a uni ; ne jetez pas le trouble et l'alarme dans toutes les consciences ; ne déchirez pas, de la manière la plus cruelle et la plus effrayante pour vous, le sein de cette tendre mère qui vous a enfantés à Jésus-Christ et vous a donné des droits à son héritage ; qu'elle n'ait jamais à vous reprocher de n'avoir pas été dociles à la voix de celui qui a toute l'autorité pour vous parler en son nom.

Puissent les réflexions que j'ai cru devoir vous soumettre, Messieurs, faire une impression vive et forte sur vos cœurs. Recevez-les comme une nouvelle preuve de mon zèle, de ma tendre et vigilante sollicitude pour le salut de vos âmes, qui doit m'occuper dans tous les instants de ma vie, parce que, lorsque j'y penserai le moins, Dieu me demandera compte de toutes celles qu'il a daigné dans sa miséricorde confier à mes soins.

Je suis avec respect, Messieurs, votre très humble et très obéissant serviteur,

Signé :

† G. M. Ruffo
**Evêque de Saint-Flour**

A Paris, le 8 mars 1791.

N° 4

# LETTRE PASTORALE
DE MGR L'ÉVÊQUE DE SAINT-FLOUR AU CLERGÉ SÉCULIER ET RÉGULIER ET A TOUS LES FIDÈLES DE SON DIOCÈSE

*Claude-Marie Ruffo, par la grâce de Dieu et l'autorité du Saint-Siège apostolique, évêque de Saint-Flour, au clergé séculier et régulier, et à tous les fidèles de notre diocèse, salut et bénédiction en N.-S. J.-C.*

Tel est, nos très chers frères, le caractère de l'amour d'un père pour ses enfants et d'un pasteur pour son troupeau, que la contradiction ne peut que l'accroître et l'enflammer : celle que nous éprouvons depuis longtemps dans l'auguste ministère que le Ciel nous a confié, loin de déconcerter le zèle dont nous avons toujours été pénétré pour vous, lui donne une nouvelle ardeur. A la vue des dangers qui vont environner votre foi et de tous les moyens de séduction qui se préparent pour vous entraîner dans les horreurs du schisme, les principes du devoir et les sentiments d'un cœur qui vous est dévoué nous pressent, de concert, de venir à votre secours ; c'est au nom de J.-C. que nous vous parlons ; c'est sa parole que nous vous annonçons ; c'est au pied de sa croix que nous cherchons l'énergie qui peut vous rendre nos instructions salutaires ; c'est de la grâce qu'il nous a méritée, par l'effusion de son sang, que nous attendons tous nos succès.

Nous avons, depuis longtemps, justifié notre mission auprès de vous ; jamais vous ne vous êtes permis le doute le plus léger sur sa légitimité ; toujours vous nous avez regardé comme votre premier pasteur, votre unique évêque, comme vous étant envoyé par J.-C., ainsi qu'il l'a été lui-même par son Père céleste, et ce n'est qu'à ce titre que vous avez pu reconnaître en nous l'autorité spirituelle à laquelle vous vous êtes soumis si longtemps ; ce n'est que dans cette confiance que vous avez pu vivre sans inquiétude sur la validité des pouvoirs que nous avons exercés.

Ils subsistent encore, ces pouvoirs sacrés, dans toute leur étendue, puisqu'ils ne peuvent cesser que par la mort, la déposition canonique, ou une démission acceptée par l'Eglise, et nous n'avons ni donné notre démission, ni essuyé, ni à redouter de jugement canonique.

Quel est donc ce prêtre téméraire qui, après avoir usurpé le caractère épiscopal, va se présenter pour occuper notre siège? Quels sont donc tous ceux qui vont tenter de s'emparer des diverses portions de notre diocèse? L'évangile N. T. C. F., les a caractérisés; nous devons vous les dénoncer et nous les dénonçons à l'Eglise entière comme des voleurs et des larrons, parce qu'ils n'entrent pas par la porte qui est J.-C.; comme des intrus, des invaseurs et des schismatiques, parce qu'ils n'ont pas sa mission, comme de faux pasteurs, dont le ministère ne peut-être qu'un ministère de malédiction et de mort, lesquels ne répandront dans le champ du Père de famille qu'une semence d'erreur et de séduction, et ne recueilleront que pour l'enfer.

Sans doute qu'ils se montreront à vous, ces loups ravisseurs sous la peau de brebis; sans doute qu'ils vous parleront le langage de la paix et de la charité; car ce fut toujours celui des novateurs qui ont déchiré l'Eglise par le schisme et par les hérésies; mais ne vous laissez pas entraîner par les discours que le prophète a si bien dépeints en les comparant à des traits adoucis par l'huile, et qui ne sont que plus meurtriers.

Il est une paix infiniment désirable et que personne ne peut altérer sans se rendre criminel. C'est celle qui, dans l'État, conserve l'ordre et, dans l'Église, l'unité. Mais celle qui n'est qu'une lâche connivence à l'erreur et le fruit d'un concert avec les ennemis de l'Église est une paix désastreuse et damnable.

Il est une charité précieuse et nécessaire qui est la plus noble des vertus et dont le précepte est le premier de la loi ; mais c'est en prostituer le nom que d'en décorer les artificieuses manœuvres des novateurs ; c'est l'avilir que de vouloir la faire servir à enchaîner la vérité pour laisser un libre cours à l'esprit d'hérésie.

A Dieu ne plaise, M. T. C. F., qu'oubliant les règles de cette charité sainte, qui doit animer le zèle, pour qu'il soit selon Dieu, nous nous permettions jamais l'amertume et l'aigreur qui la dégraderaient. Mais nous ne saurions contenir une indignation qui a été consacrée par celle du Dieu fait homme contre les profanateurs du temple, lorsque nous voyons son Église en proie aux entreprises les plus révoltantes comme les plus inouïes ; son sanctuaire souillé par les plus horribles sacrilèges ; la voix de ses pasteurs méconnue ; ses pasteurs eux-mêmes dispersés et des mercenaires substitués aux successeurs de ses apôtres.

O Eglise de Saint-Flour, vous que la pureté de la foi et l'attachement le plus inébranlable à l'unité catholique ont jusqu'à ces jours de subversion et de ruine, rendue si vénérable, vous, dont les fastes glorieux déposeront à jamais contre les criminelles tentatives des schismatiques qui vont se dire vos pasteurs ; jusques à quand serez-vous dans les larmes et dans la désolation ; jusques à quand aurez-vous à gémir sur les atteintes portées à votre gloire ; jusques à quand le Seigneur permettra-t-il que vous soyez éprouvée par le feu d'une telle tribulation ; sera-t-elle donc rompue à jamais cette chaîne apostolique qui vous a unie sans interruption à Jésus-Christ par la succession de vos pontifes ! Non, il n'en sera pas ainsi ; nous osons, M. T. C. F., nous le promettre de la miséricorde divine. Décidé à vous rester fidèle jusqu'à la mort, comme à demeurer invinciblement attaché à l'Église romaine, la mère et la maîtresse de toutes les Églises, nous voyons, avec une ineffable consolation, le plus grand nombre de nos respectables et très chéris coopérateurs, fermes dans les principes de l'unité sainte. Nous avons lieu d'espérer que ceux qui se sont laissés entraîner par le torrent de la séduction et qui, malgré l'exemple et les instructions des évêques de France réunis, ont fait un pas trop fâcheux vers le schisme, ne résisteront pas à la voix du chef de l'Eglise, qui est déjà parvenue jusqu'à nous, et retentira bientôt au milieu de vous. Nous avons enfin l'assurance flatteuse que, parmi les ecclésiastiques de toutes les classes, le très grand nombre n'a pas perdu de vue que le titre le plus glorieux du prêtre est celui d'homme de Dieu; nous avons aussi la douce confiance que la réflexion et l'exemple ramèneront les autres à la voie dont ils ont malheureusement décliné.

Nous ne croyons pas possible, N. T. C. F., qu'avec un soutien aussi puissant, la foi soit bannie de vos contrées, et que les efforts redoutables des sacrilèges intrus, qui ne seront jamais que des efforts humains, renversent ce mur d'airain, fondé sur la pierre ferme et affermi par la grâce du Ciel, qui se montre déjà avec tant d'éclat dans le courage de vos pères dans la foi.

C'est cette grâce puissante que vous ne devez cesser d'invoquer, et pour eux, et pour vous-mêmes; mais, pour rendre vos prières efficaces, travaillez d'abord à la plus sérieuse réforme de vos mœurs. Lorsque ce sera la voix de cœurs contrits et humiliés qui se fera entendre au Seigneur, elle sera accueillie; sa colère sera désarmée, et nous verrons succéder à ces jours d'épreuves et de tribulations, à ces jours effrayants et funestes, où les sombres vapeurs de l'irréligion dérobent à une partie des habitants de ce vaste royaume les rayons du soleil de justice, des jours purs et sereins, des jours de calme et de bénédiction, enfin une aix véritable, puisqu'elle sera le prix de la charité chrétienne.

Que cette précieuse vertu règne parmi vous, N. T. C. F.; qu'elle devienne le lien de la société ; qu'elle rapproche tous les esprits ; qu'elle unisse tous les cœurs; qu'elle soit toujours la règle comme le principe de toutes les actions ; qu'elle éloigne à jamais de notre patrie les semences de division et de schisme dans l'Eglise et dans l'Etat. Ce sont là nos vœux les plus ardents; mais soyez fermes dans la foi et fidèles aux pasteurs légitimes auxquels seuls J. C. a dit : *Celui qui vous écoute m'écoute, et celui qui vous méprise me méprise.* Du reste, cherchez à ramener, par la douce persuasion et par le poids des plus grands exemples de modération, ceux qui auraient le malheur de s'égarer et n'oubliez jamais que le *Seigneur déteste tous ceux qui sèment la discorde parmi les frères.*

Donné à Paris, où nous sommes retenu par

notre députation à l'Assemblée nationale, le 12 avril 1791.

† G. M.
Evêque de Saint-Flour.

# TABLE DES MATIÈRES

Chapitre Iᵉʳ. — Extermination du clergé. — Premières attaques. — Courage de Monseigneur de Bonal dans la défense de l'Église. — Constitution civile du clergé. — Monseigneur de Bonal adopte et envoie à ses diocésains le mandement de Monseigneur l'évêque de Boulogne sur l'autorité de l'Église............... 1

Chapitre II. — Le serment. — Monseigneur de Bonal le refuse. — Le serment et les députés ecclésiastiques du Puy-de-Dôme : Bourdon, Gerle, Bonnefoy, Brignon et Mathias................. 18

Chapitre III. — Le schisme. — Élection de l'évêque constitutionnel du Puy-de-Dôme. — Efforts de Monseigneur de Bonal pour prémunir ses diocésains contre le schisme. — Lettres pastorales de l'évêque intrus, Périer. — Quelques adversaires du schisme.............  34

Chapitre IV. — Monseigneur de Bonal fugitif. — Ses correspondances avec son diocèse, avec le pape et avec le roi. — Il est dénoncé. — Son testament. — Ses longs voyages. — Ses dernières instructions. — Sa mort............  48

Chapitre V. — Polémique au sujet du serment. — Prestation du serment dans le Puy-de-Dôme................  64

Chapitre VI. — Prestation du serment en Haute-Auvergne. — Monseigneur de Ruffo. — Le grand séminaire et le collège de Saint-Flour. — Prestation du serment dans les districts d'Aurillac, de Murat et de Mauriac............  78

Chapitre VII. — Scènes intéressantes dans la prestation du serment à Chaudesaigues, à Mauriac, à Menet, à Barriac....................  100

Chapitre VIII. — La nouvelle Eglise. — Lettre de Monseigneur de Ruffo aux électeurs. — Election de Thibault au siège épiscopal du Cantal. — Ordonnance du légitime évêque de Saint-Flour au sujet de cette élection....... 117

Chapitre IX. — Lettre pastorale de Monseigneur de Ruffo. — Instruction de Monseigneur de la Luzerne, adoptée par l'évêque de Saint-Flour. — L'abbé Teissier, propagateur des mandements épiscopaux. — Ce que devint Monseigneur de Ruffo.... ................ 132

Chapitre X. — Arrivée de Thibault à Saint-Flour. — Sa visite aux principales villes. — Clergé constitutionnel.. 150

Pièces justificatives. — N° 1. — Testament de Monseigneur de Bonal....... 158

N° 2. — Testament spirituel ou dernières instructions de Monseigneur l'évêque de Clermont à son diocèse............ 166

N° 3. — Lettre de Monseigneur de Ruffo aux électeurs du Cantal............. 200

N° 4. — Lettre pastorale de Monseigneur l'évêque de Saint-Flour au clergé séculier et régulier et à tous les fidèles de son diocèse................. 216

---

Aurillac. Imp. Moderne

www.ingramcontent.com/pod-product-compliance
Lightning Source LLC
Chambersburg PA
CBHW051902160426
**43198CB00012B/1719**